命理生活新智慧・叢書　18-1

# 紫微面相學

《全新增訂版》

金星出版社 http://www.venusco555.com
E-mail: venusco555@163.com
venusco@pchome.com.tw
法 雲 居 士 http://www.fayin777.com
E-mail: fayin777@163.com
fatevenus@yahoo.com.tw

法雲居士⊙著

金星出版

國家圖書館出版品預行編目資料

紫微面相學《全新增訂版》／
法雲居士著，--臺北市：
金星出版：紅螞蟻總經銷，
1998年，2001 增訂版；冊；公分—
（命理生活新智慧叢書；18-1）

ISBN 957-8270-31-3（平裝）

1.命書



# 紫微面相學《全新增訂版》

作　　者：法雲居士
發 行 人：袁光明
社　　長：袁光明
編　　輯：王璟琪
總 經 理：袁玉成
地　　址：台北市南京東路三段201號3樓
電　　話：886-2-25630620，886-2-23626655
傳　　真：886-23652425
郵政劃撥：18912942金星出版社帳戶
總 經 銷：紅螞蟻圖書有限公司
地　　址：台北市內湖區舊宗路二段121巷19號
電　　話：(02)27953656(代表號)
網　　址：http://www.venusco555.com
E-mail：venusco555@163.com
venusco@pchome.com.tw
法雲居士網址：http://www.fayin777.com
E-mail：fayin777@163.com
fatevenus@yahoo.com.tw

版　　次：2011年2月　修訂一版　2021年03月加印
登 記 證：行政院新聞局局版北市業字第653號
法律顧問：郭啟疆律師
定　　價：320元

行政院新聞局局版北字業字第 653 號


ISBN :957-8270-31-3（平裝）

# 二版序

『紫微面相學』這本書缺貨缺了好幾個月之久，主要是因為我希望能再次重新校訂這本書，再重新檢查看看是否有遺漏的觀點沒有談到的。有許多喜愛命理的朋友頻頻催促，多次打電話到出版社反映，要求要買這本書，於是我只好找空檔時間，儘快的來完成這本新的增訂本。

『紫微面相學』和『看人過招三百回』本來是一套的書。可以藉由觀察人之外貌，進而瞭解其人的性格和處事風格，而加以應對。這對於從事販賣業、推銷業、仲介業等等職業的人，在從事商業競爭時有直接的助益。同時也對於上司和屬下的關係，朋友對朋友的關係，即便是家庭成員中的關係，都會在相處的方法上有一個瞭解，而形成

# 紫微面相學

## ・二版序・

較好的溝通方式。

人之親和度在於人緣桃花。人之親和度也在於對人之瞭解和溝通方法。『紫微面相學』是一種打開溝通之門的技巧方法。而『看人過招三百回』則是一把打開溝通之門的鑰匙。這兩者缺一不行。相互配合則能在人際關係中知己知彼，百戰百勝了。

『紫微面相學』可應用的範圍很廣。近來有許多適婚年齡或再婚的朋友想預測自己配偶的長相、性格和職業，以便往此方向尋找適合做配偶的人。這時候『紫微面相學』就很有用了，它可以和『如何掌握婚姻運』兩本書一起搭配來看，這樣你不但可尋找到人品格調兼備的人選，更確知了未來配的相貌和外型及職業類型。同時也保障了未來幸福的願景。

『紫微面相學』更可以和『紫微談判學』、『紫微推銷術』一同運用，在開標的場合、交易的場合、競爭談判的場合、知人善用的場

# 紫微面相學

## ・二版序・

合，都會是一項最佳的利器。

『紫微面相學』更可以搭配『紫微交友術』、『如何創造事業運』來尋找知心的好朋友及共創事業的好搭擋。『紫微面相學』能夠辨忠奸。更可以直接從一個人的面貌上，就直接看入此人的靈魂深處，瞭解那個人內心深處的喜惡、想法。更可以探知其人對是非認知的情況。所以聰不聰明？糊不糊塗？對金錢、好運有沒有敏感力？正不正直？性格寬不寬宏？是不是善良？是否會奸詐搞怪，就一目了然了。因此尋找知交朋友及尋找合夥人時，絕對能提供最詳細的資料來供你參考。

有些人活了一輩子都在分辨別人是好人或壞人？是善類或惡類？才小心翼翼的和那人做生意、做朋友。雖然極盡小心，仍不免在人生歷程中仍經歷一些坷坷絆絆、傷感情的事情，令人沮喪。『紫微面相學』會告訴你那些面相的人是磁場相同的人，是適合你去順利交往，

·二版序·

而沒有後遺症的。那些面相的人是磁場不同、思想、行為和價值觀是不同的，同時也是相識容易、相處難的人。有了這樣一個判斷的標準，今後你再也不會因看錯人而氣餒憤慨了。更可以尋找到磁場相同、價值觀相同、想法相同的人在一起共創大事、一起生活愉快。這就是這本『紫微面相學』真正的用處了。願與讀者共享這份研究心得。

法雲居士　山居謹識

二〇〇一年四月

# 一版序

很多人都對『紫微面相學』有興趣。卻也常有人來問我：『紫微斗數和面相會有直接的關係嗎？』

當然有囉！通常我們可以從紫微命盤的『命宮』裡得到一個人的很多資料，例如：相貌美醜、高矮胖瘦、臉型特徵、思想模式、身體狀況、成就高低、運氣好壞、六親緣份…等等。其他的十一個宮位裡的資料只是更加重輔助與修正命宮中資料的準確性及顯示運程起伏的律動而已。

今天在這本『紫微面相學』裡，我們則是將這些原本處於命盤中各宮位的資料，趣味化的綜合起來，再反轉過來談。直接讓你從一個人的外表面貌，就能判斷得知前述的資料，並且探索到其人的內心世界裡。也就是直接從一個人的面相，而瞭解到其人的想法、做事的態度、處世的輕重，與朋友、親戚相處的關係好壞，未來的發展等等的

# 紫微面相學

## ·一版序·

狀況。

紫微面相術不但能幫助你看人、辨忠奸，也可幫助你的一目了然的閱讀『人』的滄桑史。

現今這個時代是個講究情緒控制的ＥＱ時代，每個人為了某些利益和原因，而需要披著虛偽的外衣、面貌，在世間闖蕩打拼。到底那些是真？那些是假？那些是直？那些是非？紫微面相術的功力，可幫助你檢視周遭朋友的賢愚善惡。

倘若你是一個正要招考新進職員的老闆或主管，怎樣從第一次見面中，就能確實應徵者的能力和對公司、上司主管的忠誠度？

倘若你正為一場生意上的談判在絞腦汁，敵我立場分明，如何鬆動對方的意志力？摸清對方的思考模式，找出弱點與以瓦解。成功的打一場漂亮的生意戰！熟用『紫微面相學』的武功密笈，都會讓你得心應手。

『紫微面相學』是有異於傳統的『五星六府』之面相學的。一般

# 紫微面相學

## ・一版序・

傳統之面相學中，你很難瞭解天倉、日角、交鎖、玄武、蘭臺、承漿、地閣之部份。初學者更難做出合格與不合格之定論。再者，必須融會貫通百家學說，才能辨人之貴賤禍福，所需費時。稍一不慎，即有差之毫釐、失之千里之憾。

『紫微面相學』完全是以紫微斗數的命理角度而成就之面相學。摒棄了艱深難懂的命理術語與文言文的咬文嚼字，而以嶄新的智慧形態，單純由『人』的臉型、身型、氣度形勢而直接斷定其人的命宮坐星，及坐星的旺弱。由命宮主星我們瞭解了其人的思想，做人的態度、處事的方法。再由命宮主星所在的位置，我們可以知道，其人一生的歷程與運程。如此簡單的一套面相學，實在是無可比擬。

『人』自呱呱墮地，即和『人』（父母、兄弟）產生互動的關係。而某些人與其家人共同生活了幾十年而不能相互瞭解，更別談交友交心、知人善任了。可是人與人之間互動的關係，又是個人財富、事業前途，生活上的必要條件，『知人』便是人類必備的智慧與知識了。

# 紫微面相學

## ‧一版序‧

既然，『知人』在我們生活中占有這麼重要的地位，『紫微面相學』又能幫助我們輕鬆擁有『知人』的智慧，我們怎能不善加學習，勤於應用呢？『紫微面相學』還能應用到自我檢視運程，及自我修正命理結構（改運）的範圍。

『相由心起』自古以來便是不滅的定律。前人說：『四十歲以後，面貌必須由自己負責。』其實，二、三十歲你在找工作，在打拼事業之時，你已為你的面貌負起了責任。別人由你的面貌而產生了對待你的態度。倘若你是個常常受到人際關係挫折感的人，那你就要檢討了！你的面貌是否展現出不夠穩重、誠懇的態度呢？要怎樣修正？才能得到別人的尊重與善意呢？

『相由心起』的真正意義，就是面貌是由個性而影響的。諸如易怒的人，眉頭緊皺、眉毛雜亂、眼露凶光。運程是大起大落型的。溫和的人，一片祥和，運程平順起伏較小。

還有，臉上有疤痕破相的人，其命宮中或對宮或命宮三合處，定

# 紫微面相學

## ・一版序・

有擎羊、陀羅二星存在，亦或是本命破軍的人。由此我們可以知道此人命程中定有坷坷絆絆的運程。

近來有名夫人動了眼部整容手術而展現美麗的面貌，喧騰一時。眼部在面相學裡屬於田宅宮，田宅宮動刀，當然不利。而且我們還知道此人是年是月走的一定是破軍運。走破軍運的人，在當運的年月裡，最喜做美容手術。

凡此種種的面相知識，你都可在『紫微面相學』中得到解答與印證。讓我們一起進入有趣的『人相』世界吧！

法雲居士　山居謹識

命理生活叢書18之1

# 紫微面相學《全新增訂版》

# 紫微面相學

・目錄・

·目錄·

# 前言——

# 紫微面相學

每個人的外在形貌、儀態、體型的高矮胖瘦、性格氣度的快慢緩急，都可顯露出其人命宮主星的特質。這就是『紫微面相學』的實質精神所在。

# 前言——

一般面相學所談的範疇，多半是『主貴』的相貌或凶相所代表的意義。雖然也會對個別性格有所陳訴，但終究距離我們現實的生活太遠了，而且言詞籠統，重點散漫，不好統合利用。

這本『紫微面相學』，我則是以紫微命理的角度，來談談我們日常生活中所見到的『人』的面相。以我們所觀察到的第一印象來判斷出對方人士的命宮所屬主星的星座，從而可知對方的性格、態度、對方心裡到底是怎麼想的？（觀點）、做人處事的方針、心情起伏的角度、脾氣好壞、遷怒的易爆點，以及能接受反對意見的寬容度等等，從而達到知己知彼的優勢，以便應用在日常生活中，形成得心應手的人際關係。

一般講『面相』，談的好像是同一回事。其實『面』與『相』是具有不同意義的。

『面』指的是臉上的容貌。『相』指的是包括頭、手、足、身體，是一個人整體的印象。甚至包括了一個人身體的動感，舉手投足的舉動。

# 紫微面相學

## ・前　言・

一切的身體語言、和一個人從內在煥發出來顯現於外表的氣質。當然這也綜合了環境和教養加諸在人身上的影響。因此『相』的範圍是大過於『面』的範圍的。

現今我們常以為社會上的人普遍是『以貌取人』的現象。而這個『貌』字就包含了『面』與『相』的雙重境界。『面』是具有先天性、遺傳性的因素。而『相』則多半受後天影響、累積而成。因此『相』可以說是直接影響我們命運好壞最直接的因素。而現今有許多人為了要改運，而去整型美容，形成本末倒置的一種做法。雖然在心理上會給自己一些鼓勵作用，似乎有一些效果。但是如能同時改變『相』的條件，使福相增厚，改變命運的契機會更快速而直接，所能得到的好運也會更多一些，命不是也就被改變了嗎？

『面相』是一體兩面的事情，我們既然可以從一個人的外表，就能探測到其內心的世界，也就可以從這個人所發生的一些事情，得知這個人的運程，繼而推測到此人一生命運的好壞。

例如我們從某個人的臉上、身上看到傷痕，再從其臉型、身體的形

# 紫微面相學

## ・前　言・

狀，可估量出此人的命宮中或遷移中定有羊陀、破軍等星。其人曾有牙齒斷裂的情況者，命宮中會有陀羅星。其人曾有開刀狀況者，不是命宮有羊刃、破軍等星，就是在羊刃、破軍運程。當然出車禍的人，尤其要注意羊刃的流年、流月，或『廉殺羊』格局存處於命局之中。我們從這些細微小節中，再加上此人容貌外型評估出來的主星，再加上年紀多少的揣摩，即可完整的畫出此人的命盤，從而瞭解此人一生命運程式的走向了。

當然另一方面，我們也可以從一個人的喜事連連、升官佳兆、鴻運當頭，再加上此人的外型容貌所評估出來的命宮坐星，再加上年紀的估計，也可對此人的一生命理走向有一個完整的瞭解，這就是為什麼有那麼多算命師能一語道破你命運中的轉折點的道理了！

中國自古以來有許多的相術經典，例如《痲衣神相全篇》、《太清神鑑》、《玉管照神局》、《相理衡真》以及曾國藩所著之《冰鑑》等，莫不以『大貴之相有三：曰聲、曰神、曰氣。』為宗旨，而以五岳、四瀆來比喻解說。這麼多的相術經典，創造了許多不易讓常人瞭解的無數

# 紫微面相學

## ·前　言·

名詞，實則真正完美無缺的面相是很難見到的。就連上述經典名著的作家縱然在相學中訂出許多的規矩，但窮其一生，也恐難見到一、二人有合格的相貌。既然如此，我們為什麼不卻除古典的窠臼，跟進時代的腳步，進入實用而簡捷的相術天地之中呢？

紫微斗數歷盡二千年的變化演進，現今在吾人命理的應用上，實則是一種快速、準確又實際的命理學問，它不但包含了相術、命運展現、運程的計算、吉凶災禍的警示，舉凡你週遭一切的人際、物際、境遇關係也都會展現在眼前。它也能告知你如何改變命運的潛能，以及能增福、增財、增壽的關鍵時刻，端看你如何去使用它？因此紫微命理實則是現代人不可或缺的法寶，亦可說紫微命理整合了許多命理內涵、綜合性的發揮了它的價值。

因此，這一本『紫微面相學』，從實務方面來說，是我用紫微命理的精華，加上常年命相的心得，與以整理而成就出的一本書。從精神方面來說，『紫微面相學』同時也是綜合了古代百家相術經典，使其邁向現代的、科學的、捷徑的一本書。在此謹與熱愛紫微命理的讀者們分享。

# 第一章

# 如何從『人的外表』來斷定其命宮主星

紫微命理中命宮主星即包含著人的相貌、外觀形態、性格急怒緩慢的心態。反轉過來，從人的外表再來探究命宮主星，亦不是難事了！

# 第一章　如何從『人的外表』來斷定其命宮主星

通常我們要從一個人的外表來指出其人是什麼星坐命的人，在實際上似乎是有些困難的事，尤其是雙星坐命時，其人在外貌與性格上都會產生兩個星座共同的特質，而有一些模糊點，讓人不能把握，這種狀況更讓初學者摸不著頭腦。而在有經驗的命理師的眼中，卻能很迅速的從這個人的外貌、體型、舉止中搜尋到最佳的情報資訊，並快速的在自己的電腦（頭腦）中整理、分類、判讀並計算、歸納，而形成結果，這也就是命理師為什麼能預知人的命運的問題了。

到底命理師所得到的資訊有那些內容呢？這就是我們接下來要談的臉型特徵、身高、體型、疤痕、痣的特徵、神形氣色等的問題了。將這些問題綜合起來，你也可擁有命理師神鷹般銳利的眼神，而探知對方心靈的秘密了。這彷佛電腦網路上的『駭客』出擊一般的刺激，但這個秘密永遠只有你自己知道而已。

## 第一節　如何從『臉型特徵』來斷定命宮主星

在古籍《神相全篇》中有《十觀》即『觀人十法』。提到看人的十種法則即是：一、取威儀。二、看敦重精神。三、取清濁。四、看頭圓項額高。五、看五岳三停。六、取五官六府。七、取腰圓背厚、胸坦腹墮。八、取手足。九、取聲音與心田。十、觀形局與五行。

我們由上項法則中可知一至六項皆是由頭臉部所觀之的重點，因此也可知，事實上從古至今，凡是對人的印象，必先從頭臉部開始為第一印象，故而臉部的特徵，也就成為『人的外表』第一道先趨特使了。而且是掌握人生成敗乾坤的第一要件。

通常我們來談人的臉型相貌時，是以人三十歲的相貌做基準。主要是因為某些命宮主星的相貌在人年幼時，或年紀稍輕時，形成的特徵不夠完整，而讓人有模糊的感覺。而人在四、五十歲以後，又會因肥胖、衰老、臉肉下垮、形貌有些變異而不好認定，這就需要我們靠經驗來認清了。例如說左輔、右弼坐命的人，是空宮坐命的人，在幼年時有形貌不清，很難認定之嫌。年長及三十歲、型貌穩定時，就可一見看出其命宮主星。又例如說：政治人物中的吳伯雄先生是貪狼坐命的人，本來應是圓長臉型。但在中年以後成為大圓臉了。這就是貪狼居旺的人，很容易發生的的事。我們可從其年輕的資料照片中很容易找出其命宮主星的特質。因此要達到形貌成熟度夠，而又不見變型，以三十歲做基準是最合適的看法了。再從此基準型上，以年紀的多寡，上、下加減，就不難看出其端倪。

**紫微坐命的人**

紫微坐命的人有圓帶方的臉型，長相氣派，有威嚴。忠厚、穩重、受人敬重，一生都不會遇到不禮貌的對待。

**天機坐命的人**

天機坐命的人，大多數都是瘦型的人，聰明外露，機智靈巧，行動力也很快速，性急無耐心，三分鐘熱度，在家多是非，情緒波動很大。

## 機梁坐命的人

機梁坐命的人，很喜歡說話，口才伶俐，善辯，臉瘦型，本身不主財，但愛動嘴賺錢。很多人是身宮落在財帛宮的人，視財如命，非常辛苦。

## 機陰坐命的人

機陰坐命的人，無論男女都有姣美的面貌和身材，情緒容易起伏不定。一生驛馬強，奔波動盪不安，也喜歡做東奔西跑的工作。

## 太陽坐命的人

太陽坐命的人，大多數都有圓圓的大臉，有些人的臉型會較長或較短。身材也多數為高大的體型。是坦白、無心機的人。

## 武曲坐命的人

武曲坐命的人，多數為面方圓，中矮壯碩，聲音宏亮，性剛直、寬宏、頑固、喜怒無形於色、重言諾。做事速戰速決。勤快、勞心勞力。

## 武殺坐命的人

武殺坐命的人，外型較粗，臉方圓，性格剛強頑固，有些古怪。好勝不認輸，敢愛敢恨，平常話少。做事斬釘截鐵，愛死拼。

## 天同坐命的人

天同坐命的人，命宮居廟的人較肥胖，居平、居陷皆矮瘦。性格溫和、慈善、謙虛、眉清目秀，不會發脾氣，但生活較賴散，沒有競爭力，愛享受、愛撒嬌、有小孩子脾氣。

## 廉貞坐命的人

廉貞坐命的人，顴骨高，眉寬口橫、中等身材，能言善道。臉型方，少年黃白色，老年紅黃色，主觀強，性烈、有衝勁、愛爭，事業心重，對政治最有興趣。為最多出現在政治圈中的命格。

## 廉破坐命的人

廉破坐命的人，多半有大嘴、高顴骨，臉面上骨象分明，長相粗醜。有昌、曲同宮的人為大嘴、大眼、輪廓深，具有西方美的人。其人口才很好，說話狂妄、大膽。平時很陰沈、話少、容易衝動，是吃苦耐勞，破祖離鄉，白手成家的人。

## 貪狼坐命的人

貪狼坐命的人是好運星坐命的人，臉型長圓，居廟、居旺的人，身材高大、身材好、長相不錯。頭腦一流，反應快，人緣特佳，多才多藝。性情喜怒無常、慾望多、愛表現、好爭、做事快速、性急、馬虎。一生有暴發運、有奇遇。

## 巨門坐命的人

巨門坐命的人，多半口大，嘴唇薄、口才好、善辯。性情多疑，做事進退反覆，多學少精。好欺騙，為人嘮叨、挑剔、注重小節。不滿現狀，性格捉摸不定。一生口舌是非多。

**天相坐命的人**

天相坐命的人，性格溫和，相貌忠厚老實，端正、不偏私、有正義感。喜歡調節紛爭，服務熱心、喜歡美食、衣著。不喜惹麻煩、愛清閒生活。

**天梁坐命的人**

天梁坐命的人，臉型方長，居廟時人高大強壯，居旺時，體型也厚重。居陷時人矮瘦。其人有固執、孤高、自負、有威嚴的特質。有機謀、善舌辯、愛競爭。少年臉色黃白色，老年為黃黑色。

## 七殺坐命的人

七殺坐命的人，為方長臉型，個子不高，在寅、申宮坐命者，亦有高大的身材。少年臉色為青白色，老年時為紅黃色，眼睛特別大，有威嚴、煞氣。喜怒形於色，性情反覆無常，性格倔強、不認輸。勇於承擔責任。一生辛苦奔波。

## 破軍坐命的人

破軍坐命的人，破軍居廟為五短身材，腰肩斜。臉型為『風』字臉，唇厚、口大，臉寬、好嘮心強，敢愛敢恨、性格大膽、幹勁十足、做事先破後成。喜創業，為破祖離鄉之人。

## 擎羊坐命的人

擎羊坐命的人，中高身材，廟旺則胖，陷地剋瘦小。臉型為『羊』字臉。臉上有破相或傷殘。陷落時有眇目、麻臉。面色為紅帶青或青黯色。性果決剛硬，有機謀、奸詐、衝動、霸道、愛計較之特質，恩怨分明，記恨心強。

## 陀羅坐命的人

陀羅坐命的人，頭顱和臉型都是圓圓的。氣質粗，性格頑固，多是非，不服輸，有破相及牙齒、手足有傷災。心中思想扭曲、精神不開朗，一生奔波勞碌、波折大、離開出生血地，離鄉發展才會好。

## 火星坐命的人

火星坐命的人，臉型為長圓臉，中等身材，面紅黃色，毛髮呈紅色或枯黃。其人愛辯論，急躁不安，喜爭強鬥狠，做事快速，有頭無尾，一生較勞碌。

## 鈴星坐命的人

鈴星坐命的人，臉型多古怪、頦骨較突出，有的人眼睛突出，像銅鈴。面色黃裡透青色，或黯黑色。非常伶俐，有急智、性烈、內向，急燥不安，喜表現，心胸狹窄，但聰明異常很衝動，常會做讓人訝異的事情。

## 臉部的形狀

1. 長圓帶方形（同字型）的臉型：
紫微坐命者、紫府坐命者、太陽坐命者、日月坐命者、廉府坐命者。

2. 長圓形的臉型：
貪狼坐命者、紫貪坐命者、文昌坐命者、同陰坐命者、機陰坐命者、太陽居陷坐命者、火星坐命者、左輔坐命者。

3. 圓形的臉型：
太陽坐命者、天魁坐命者。

4. 圓方形的臉型：
武曲坐命者、天相坐命者、武府坐命者、陽梁坐命者、廉貪坐命者。

5. 小圓長的臉型：
右弼坐命者、天機坐命者、文曲星命者、天空坐命者。

6. 短圓形的臉型：
天鉞坐命者。

7.長方形（略長）的臉型：
天梁坐命者、天同坐命者、天府坐命者、巨門坐命者、機巨坐命者、機梁坐命者、祿存坐命者。

8.中等長方帶圓型的臉型：
武相坐命者、武貪坐命者、紫相坐命者、廉相坐命者。

9.中等長方型腮骨明顯的臉型：
七殺坐命者、廉殺坐命者、紫殺坐命者、紫破坐命者、武破坐命者。

10.中等方形、額頭較寬（甲字形）的臉型：
廉貞坐命者。

11.短方形（田字形）的臉型：
同巨坐命者、同梁坐命者、武殺坐命者、巨日坐命者、陀羅坐命者。

12狹長型的臉型：
擎羊坐命者。

13.短方形腮骨突出之臉型：
鈴星坐命者。

14. 中等長方形、兩腮寬闊（風字型）的臉型：

破軍坐命者、廉破坐命者。

15. 菱形（中字形）的臉型：

地劫坐命者。

## 以臉型橫向寬窄度歸納之命宮主星

**寬臉的有：**

紫微坐命者、紫殺坐命者、紫相坐命者、紫破坐命者、太陽居旺坐命者、陽梁坐命者、陽巨坐命者、武曲坐命者、天相居旺坐命者、武殺坐命者、武相坐命者、天同坐命者、同梁坐命者、同巨坐命者、廉貞坐命者、廉破坐命者、廉貪坐命者、巨門居旺坐命者、破軍坐命者、陀羅坐命者、鈴星坐命者、地劫坐命者。

**普通型臉寬略的有：**

紫府坐命者、紫貪坐命者、太陽居陷坐命者、武府坐命者、同陰坐命者、天機坐命者、機巨坐命者、機梁坐命者、機陰坐命者、廉殺坐命者、廉府坐命者、廉相坐命者、太陰坐命者、日月坐命者、貪狼坐命者、武貪坐命者、巨門居陷坐命者、天相居陷坐命者、天梁坐命者、七殺坐命者、武府坐命者、武破坐命者、文曲坐命者、左輔坐命者、右弼坐命者、天鉞坐命者、擎羊居旺坐命者。

**特別狹長臉型的有：**

擎羊陷落坐命的人。

## 第二節　從『命宮主星』來看臉型特徵

### 紫微坐命的人

紫微坐命的人，具有長圓中帶方的臉型，五官端正、有氣派、相貌敦厚、穩重，面色凝重謹慎。紫微坐命的人，面色多土黃色，中年以後漸呈紫黃色。因其面部表情忠厚老成，給人很大的信賴感，故而得人尊重。例如美國柯林頓總統是紫微坐命的人。

### 紫府坐命的人

紫府坐命的人，具有長圓帶方形的臉型，五官端正討喜，通常他們的臉龐並不很大、相貌敦厚、老實、清秀。面色為淺黃帶白。紫府坐命的人，多從事金融機構、貿易公司、公教人員，以文職為主，故其面型體態、氣質較為秀氣。

## 紫貪坐命的人

紫貪坐命的人，為長圓形、下巴略帶方形臉型。男子俊俏，女子美麗，人緣特佳，是人見人愛的典型。但也不失端莊秀麗的外貌。其面色為少年時淺黃帶白，中年以後為紫黃色。紫貪坐命的人，喜愛美麗及風雅之事，故其人多為儒雅文質的外貌，外表看起來很外向，很重視別人對自己的感觀。前國防部長陳履安先生即為紫貪坐命的人。

## 紫相坐命的人

紫相坐命的人，為中等長方帶圓形的臉型。相貌忠厚老實，五官端正討人喜歡。年少時面色為青白色，中年以後為黃白色。紫相坐命的人，都有高級專業技術，因此面龐及外型皆文質秀氣得人敬重。

## 紫殺坐命的人

紫殺坐命的人，為中等方形略瘦的臉型，但兩腮骨有明顯的狀況，紫殺坐命的人，有一雙大眼，瞳仁既黑且大，其面部表情穩重威嚴、雙唇常緊閉、隱約顯露貴氣和殺氣。他們的特徵很明顯，可以一目了然的認出。其面色在少年時為青白帶黃色。中老年時為暗黃色。紫殺坐命的人，多從事藝術類（舞蹈及繪畫）或軍警類、及辛苦忙碌的職業。其面部氣質並不特別秀氣，是稍微粗曠或臉部皮膚較粗糙、毛細孔較大的氣質。被殺身亡的星相家陳靖怡即是紫殺坐命的人。

## 紫破坐命的人

紫破坐命的人，為中等長方形，兩腮較為明顯，有時略為寬闊的臉型。紫破坐命的人，大致看起來還算忠厚老實的外型，但其為人豪爽、敢做敢當，因此不算秀氣，是具有粗曠美的特質。紫破坐命的人，面色多為暗黃色、膚色較黑。多半為勞工階段的人。若做文職，必是窮困錢不多的人。

## 天機坐命的人

天機坐命的人，要看其主星的旺弱來分。通常他們是小圓長臉型、臉型瘦。天機在子、午宮雖然入廟，但天機在子宮的人，臉瘦。天機在午宮的人臉較圓、較胖一點。但都為中等身材。天機和陀羅同宮坐命時，有時候會受陀羅的影響較深，其人會較胖，頭顱圓大，臉型寬，體型胖壯，人也不夠聰明。

天機單星在丑、未、巳、亥居陷時，是小圓長臉型、瘦削。

天機坐命的人常有精明外露的問題，臉型秀氣，面色少年時為青白色，中老年時為黃中帶青的顏色。在與人初見時，天機坐命的人對人有稍許的冷漠，相交時，是非又多，因此在人緣交際上不算很順利。

## 機陰坐命的人

機陰坐命的人，有長圓型的臉型，相貌秀麗，不論男女皆有俊秀的外貌氣質，討人喜歡。機陰坐命寅宮的人，較有人緣桃花，能吸引人氣。有文昌在寅宮同宮為陷落時，氣質差，人之相貌、舉止較粗俗。機陰坐命申宮的人，眉宇間會有黯淡的憂愁，人緣沒有那麼好，但依然外型與臉型都瘦瘦的。演員費玉清為機陰坐命的人。

## 機巨坐命的人

機巨坐命的人，有長方形的臉型，臉龐上的骨象分明，像是一個很有個性的人，通常其體型也很大，骨架很大，長手長腳的。通常機巨坐命卯宮的人較高大，機巨坐命酉宮的人為中高身材。

機巨坐命的人，常將其聰明智慧與頑固同時展現在臉上，讓人一看到就知道他是個不好相處的人。機巨坐命的人，通常會做學術機構、高科技專業人才，因為他們多半會出現在這種地方。就算是他在某一個公司工作，他也會具有特殊的專業才能而恃才傲物的。先總統蔣介石先生和小說家張愛玲女士都是機巨坐命的人。

## 機梁坐命的人

機梁坐命的人，有長方形的臉型，臉型瘦。他們通常有一雙大眼，態度精明多計謀。年少時面色為淺黃帶青色。中年、老年為暗黃色。機梁坐命的人，常有一張能說善道的大嘴，嘴唇薄，很喜歡講話。是一個願意出計謀，卻不願負責任的人，只要一試便知。

## 太陽坐命的人

太陽坐命的人，通常有一張大圓臉，面色在年少時為淺黃帶紅色，有時是白裡透紅。中年、老年以後為暗紅色。

太陽居陷坐命的人，則為長圓帶方形的臉型，常會被誤以為貪狼坐命的人。在少年時面色為黃帶青色，中、老年為暗黃色。

太陽居陷坐命的人，在面部表情方面，比較靦腆，對初見的人會保持距離，對熟識的人比較熱絡。

太陽居旺坐命的人，無論何時何地，都會將熱情、坦白、寬厚、真誠全寫在臉上，因此他這種人是非常好認的。前台北市長黃大洲先生就是太陽、祿存坐命宮的人。

## 陽巨坐命的人

陽巨坐命的人，屬於短方形的臉型，又稱做『田字型』的臉型，面色為少年時為黃中帶青。中、老年以後為暗黃色。

陽巨坐命的人，性格開朗、做事勤勞、重食祿、好吃、好說話。命宮坐在申宮的人，比較好吹噓，嘴旁有痣者，更甚。而且喜歡抬槓。命坐寅宮者較沒有這種情形。

## 陽梁坐命的人

陽梁坐命的人有圓形帶方的臉型，面色為少年時白裡透紅。老年時暗黃透紅色。臉部表情穩重，態度爽朗、豪放、人緣極佳。陽梁坐命的人，愛面子，喜歡說話，愛管閒事。命坐卯宮的人，有貴氣，學歷高而增貴秀之氣。命坐酉宮的人，愛四處飄遊，臉色較黑，喜發牢騷。多做自由行業，為人四海，有草莽陽剛氣質。

## 日月坐命的人

日月坐命的人，男子為長圓帶方的臉型，女子為長圓型的臉型，長相秀美。面色為少年時白裡透紅，中、老年時暗黃紅色。

日月坐命的人都是具有陰柔與陽剛雙重氣質的人。不但他們的性格是如此，就連臉上的表情通常也是柔中帶剛，或剛中帶柔的嫵媚與英氣結合的雙重表情與氣質。情緒多變化，時而陰雨，時而快樂。從不好捉摸的個性中，也非常好認出他們這種人。

## 武曲坐命的人

武曲坐命的人，有圓形帶方的臉型，地閣小（下巴短）、眼睛大。體型稍矮壯。少年時面色為淺黃色帶青色，老年時為青黃色。

武曲單星坐命的人，都有很好的人際關係，但他們性格剛直，會直話直說，喜歡講理，從不擔心會得罪別人。因此臉上會有剛毅的表情，而且他們具有清脆的聲音，也很容易認出他們這種人。前國防部長郝柏村先生就是武曲坐命的人。

武曲坐命，命宮中有化忌星，或有擎羊同宮、相照的人，體型會是瘦型或瘦高的身型。臉型也會瘦削，這是因為『刑財』的關係。

## 武府坐命的人

武府坐命的人，通常都有白皙的面貌，圓形帶方的臉型，比武曲坐命的人，臉頰略長，地閣（下巴部份）適中。他們是財庫星與正財星坐命的人，因此為人精明、穩重、五官在臉龐上的配置適中，給人很舒服很值得信賴的好感。武府坐命的人，謹言慎行，剛直、膽小、吝嗇，很愛思考，從不多言多語，受人敬重。新黨王建煊先生即是武府坐命有羊刃在對宮相照的人。

## 武貪坐命的人

武貪坐命的人，具有長圓帶方的臉型，有些也會是略短圓方型臉型。少年時，面色為白裡透青的顏色，老年時面相較深暗為青黃色。

武貪坐命的人，性格剛強，有主見，身體壯碩、威武、話少。本性吝嗇小氣、重言諾。只要沒有羊陀、化忌在命宮或對宮相照的人，人際關係非常好，一生有奇遇及暴發運。蔣夫人宋美齡女士即是武貪坐命的人。

## 武相坐命的人

武相坐命的人，具有中等長方形帶圓的臉型，面色為少年時淺黃帶青色，中、老年為青黃色。

武相坐命的人，衣食無缺、一生快樂、性格穩重、剛直，會多替別人著想，眼睛大，聲音大，做事負責，喜愛衣食。故武相坐命的人，常有圓圓的下巴。有化忌同宮時，為瘦型。有陀羅在命宮時，較矮胖。

## 武殺坐命的人

武殺坐命的人，都具有圓形帶方的臉型，有的人也會形成『田字臉』，在少年與中、老年時膚色都較一般人黑。給人的感覺是粗粗的，像是鄉下小孩出生的背景氣質。他們也會具有厚背與粗壯的矮壯型體型。一般來說武殺坐命的人，臉上會有稍許的小凹洞，像是青春痘留下的痕跡，皮膚也較粗。他們非常勤勞，生命力旺盛，像是在工作上會出生入死會拼命的人，給人有可交付重任的可信賴的感覺。因白曉燕案升官的警局副局長候友誼先生就是武殺坐命的人。鄧小平先生也是武曲化科、七殺、擎羊坐命的人。有武殺、擎羊同在命宮，尤其在卯宮，是臉大、寬頰，而身材矮小。

## 武破坐命的人

武破坐命的人，有一張中等長方型、而腮骨有明顯痕跡的臉型，或是小圓臉帶煞氣。面色少年時為淺黃帶青色。中、老年時為暗黃帶青色。

武破坐命的人，常不拘小節，喜歡冒險，因此其氣質也算是粗曠型的人了。臉上常粗黑，有傷痕，牙齒也會有不整齊的狀況。武破坐命的人，通常會做軍警、特技類、驚險的工作或工廠、粗重的工作，有文昌或文曲同在命宮或遷移宮時，會出現在文質的、精細的工作場合之內，但窮困也做不長久。特技演員柯受良乃武破坐命的人。

## 天同坐命的人

天同坐命的人，具有長方型的臉型。有些人稍胖，下巴稍圓。面色在少年時較白，中、老年微黃。膚色屬於白皙之類的人。天同坐命的人，脾氣溫和、少怒、好商量，看似懦弱，其實是無爭鬥之心。因此態度穩重、緩慢。五官端正、清秀、慈善。

命宮中有天同、陀羅同宮的人，會有斜眼、眇目、頭顱圓圓的情況。脾氣依然溫和，但情緒常會古怪。

## 同陰坐命的人

同陰坐命的人，具有長圓形的鵝蛋臉，非常溫和美麗。都具有慵懶的氣質，愛享福，做事還算負責，但不喜歡積極打拼。同陰坐命的男子，具有女性化的特徵，性格溫和，下巴略帶方形。命宮在『子』的人，有官貴、氣質是在文質彬彬中帶有貴氣。同陰坐命的女子，外貌美麗、輪廓分明、動人，皮膚白皙、豐腴、身材妖俏，大眼且顧盼生姿。喜留一頭長髮，是最具女性美的女人。命宮在午宮的人，臉型、體型較瘦、較矮，財運也不好，但仍有美麗的外貌，卻帶有苦味、憂愁的氣質，人緣也不好，能力也較差，較窮。

## 同梁坐命的人

同梁坐命的人，具有方形帶圓的臉型。有些人臉較短，形成『田字型』臉型，身材中等。少年時面色為黃白色，中、老年時為黃黑色。

同梁坐命的人，口才好，喜歡聊天說話，在人群中從不沈默，有時很嘮叨。為人四海，看起來似乎對人很熱絡，喜歡服務別人，但往往不能貫徹到底，因此有虎頭蛇尾的毛病，不能負完全的責任。他們很會解釋原因。這種溫和又帶有草莽性格的氣質，在他們的臉上會顯露出既不粗曠，又不夠文質秀氣的一種爛好人的氣質。

## 同巨坐命的人

同巨坐命的人，具有短方形的臉型，有些人的下巴稍尖，臉上會有雀斑及痣或有胎記，尤其是有火星同在命宮的人，一定會有大痣或胎記明顯的特徵。面色為黃青色，成年、中年以後膚色較黑。

同巨坐命的人，表面上看起來很溫和，又很會說話，實際性格急躁，不重視禮貌，喜愛遊樂之事，沒有事業心與責任心，比較愛享受。是非很多，常為口舌問題忙不停，生活比較散慢。

## 廉貞坐命的人

廉貞坐命的人，有略似『甲』字型或短方型的臉型，額頭寬、口闊、面橫。有高顴骨，眉部骨高明顯，單眼皮的人較多，眼光有神，性格堅強，能言善辯，為人四海不拘小節，但臉部表情多嚴肅，沈著。面色為少年時是黃白色，中、老年較黑為暗紅黃色。廉貞坐命的人，很有陽剛之氣，不論男人、女人，在儀態上都有豪放灑脫、固執剛強的面貌，性格愛爭，但在態度上都很沈穩，是以靜制動，攻於心計的人。省長宋楚瑜及作家李敖都是廉貞坐命的人。

## 廉府坐命的人

廉府坐命的人，有長圓帶方的臉型，尤其額頭或下巴處（地閣）最方，同樣也有眉骨高露，眼光有神，性格有時堅強、有時軟弱，剛柔不濟，表情有嚴肅、沈著的特點，但是廉府坐命的人不愛說話，話少，但可從眼神中發覺其內心輾轉思維正在運用。廉府坐命的人，很吝嗇小氣，護己之心很嚴重，從言談態度中可以讓別人察覺出來。而且他們喜歡運用交際手腕或與人交換條件，以獲得對自己有利的利益。廉府坐命的人，年少時面色青白，中、老年以後為黃青色。副總統連戰先生為廉府坐命的人。

## 廉相坐命的人

廉相坐命的人，有方形帶點圓的臉型，下巴圓，面色為少年是黃白色，中、老年時為紅黃色。

廉相坐命的人，有眉露骨，額頭寬，眼光溫和，面色凝重謹慎，命宮三合處沒有羊、陀、火、鈴等煞星相照的人，會是很懂得禮儀、知進退的人，多在金融機構、管理階級中出現，為人沈默膽小不喜言談，在對下層時，面部表情較為高傲。如有煞星與命宮同宮或相照的人，會是沈默虛偽不實在的人。面部高傲的表情也較多。有桃花星同宮或相照者多的人為好色，品行不端。民選總統陳水扁先生就是廉相坐命的人。

廉相坐命，命宮中有廉貞化忌和擎羊同在命宮的人，出生時即有唇額裂的情形，一生中要經過無數次的開刀手術。

## 廉殺坐命的人

廉殺坐命的人，有中等長方形的臉型，在腮骨處很明顯，面色在少年時為青白色，中、老年時為暗黃紅色。眼睛比一般人大，雙眼皮的人較多，有的人眼睛較橫長，形成鳳眼。

廉殺坐命的人，多半很沈靜、頑固，喜歡胡思亂想。臉上有剛毅的表情，很衝動，肯吃苦。廉殺坐命的人，常會將事情複雜化，而自討苦吃，但不失為一個良好的部屬人材。有擎羊同坐命宮的人，煩惱、多思慮更嚴重。身體會有病，也會因傷災喪命。有陀羅同在命宮的人，多煩惱、更頑固且笨。有文昌、文曲同坐命宮的人，比較好學懂禮。

## 廉破坐命的人

廉破坐命的人，有中等略似長方形的臉型，但額寬口闊，高顴骨，兩腮骨橫寬。眉骨高露，眉形寬，鼻樑骨山根處較低陷，鼻頭（準頭較寬），有些人的鼻孔大，外露。皮膚較粗躁等特徵。年少時，面色為淺黃帶青，中老年時較黝黑，為暗黃青色。

廉破坐命的人，性格剛強堅硬，不畏強權，狂傲多疑全表現在臉上。他們多半頭面部有傷痕，命宮中有羊陀、火鈴同宮或相照的人，會有麻臉或因傷而殘的外徵。前警務署長姚高橋先生及台北市議員林瑞圖都是廉破坐命的人。

普通廉破坐命的人都長相比較粗曠醜陋，但有文昌、文曲同在命宮時，其人有略似西方人美麗的外貌，臉的輪廓深、大嘴、大眼。但一生為窮困命格。

## 廉貪坐命的人

廉貪坐命的人，有圓形帶方的臉型，有的人臉形稍長一點，但都是顴骨橫寬，大嘴或嘴唇稍厚的人。面色為少年青白，中、老年時黯青色。

廉貪坐命的人，很愛說話，但心直口快，喜歡說些不討人喜歡的話，做事時也沒主見。初識時表面看起來是個好好先生，但多相處一、兩個時辰便知是言不及義，多說少練之人了。廉貪坐命的人對異性有特殊的幻想，喜愛酒色財氣。也易於和此道中人接近，當他們遇見正派人士時，多半眼光閃爍，不是轉臉他顧，便是顧左右而言他，形象不夠正派。空宮坐命有廉貪照命者亦然。白曉燕命案嫌犯林春生是廉貪坐命的人。

若有化忌在命宮的人，人緣更差，言語常錯的離譜，惹人嫌惡。其人在面貌上也會有特殊的疤痕、痣記、或怪異的特徵。

若有陀羅在命宮或與命宮相照的人，會有好色淫亂之相。

## 天府坐命的人

天府坐命的人，有長方形的臉型。女子下巴略圓。長相正派，溫和中帶有挺傲之氣，皮膚白皙，看起來是規矩高尚人家出生的人。

天府坐命的人，為人謹慎小心，不會亂講話，知分寸，守禮儀，很能得人的好感。長相並不特別美麗，但中規中矩，為人尚稱秀氣。他們多半是公教人員、或在金融機構、大企業中擔任要職。長相就會讓人信賴，是很好的管理人才，尤其做企管、會計更是一流人選。台灣首富蔡萬霖先生就是天府坐命的人。

天府坐命的人，若逢羊、陀、火、鈴同宮或沖照時，下巴會較尖，或有寬臉、不秀實之相，性格上也會奸詐不正。

## 太陰坐命的人

太陰坐命的人，有圓帶方形的臉型，外貌溫和，文靜而怕羞，氣質很吸引異性，因此異性緣也好。面色是少年時為白裡透青，中、老年時為黯青色。

太陰坐命的人，面部表情很內斂，文質彬彬，外柔內剛，很富有感情，而且很容易感情衝動。性格上很沈靜，容易猜疑，也容易流淚感動。喜歡以『情』為出發點來衡量人、事、物。是個重情不重理的人。通常太陰坐命的人，都是五官端正優美，不論男女，都有喜歡留長髮、喜風花雪月且好酒的性格。太陰坐命再有羊刃在命宮的人，容易因感情問題而自殺。其人的下巴（地閣）也較小較尖。政大教授馬英九先生是太陰、文曲坐命的人。演員于楓則是太陰、擎羊坐命的人。

## 貪狼坐命的人

貪狼坐命的人，有圓長臉、相貌堂堂，少年時面色為白裡帶青。中、老年時為黃青色。貪狼居旺的人，三十歲以後漸發福變胖，臉變圓。吳伯雄先生就是貪狼坐命的人。

貪狼坐命的人，人緣很好，有交際能力，但是性格急躁不耐靜，常有坐立難安之狀。但大致看來是很風雅之人。他們多機謀，做事迅速、脾氣不好、好酒。有時會給初識者有虛浮之感。

貪狼坐命的人的臉龐會讓人覺得他就是擁有很多好運的人，但是他們對人的態度有些油滑，從不得罪人，也不會把自己的心事跟別人講，就連父母、配偶都不會透露。並且當別人委以重任時會閃爍不定，不願意受責任的牽絆，讓人常懷疑自己的眼光，是不是有問題了？而難以致信。

## 巨門坐命的人

巨門坐命的人，通常都有長方形的臉型，某些人的臉型較短，巨門居旺的人，三十歲以後會發胖，臉型變圓。巨門居陷坐命的人，臉型瘦削，面色在少年時為黃帶青色。在中、老年時為黯青色。

巨門坐命的人，通常有一張大嘴，某些人嘴唇薄，很會說話，也喜歡說話、愛辯，常喋喋不休。並且對吃食有特別興趣。很多巨門坐命的人嘴邊都有一顆痣，很容易認出來。同時他們也是最喜歡逞口舌之能多惹是非的人。民進黨謝長廷先生就是巨門坐命子宮，對宮有天機化權相照的人。李總統夫人曾文惠女士則是巨門坐命辰宮的人。

巨門坐命有火星同宮的人，臉上有異痣或胎記，特徵很明顯。他們在臉部表情與態度上都有遮遮掩掩的情況。

巨門坐命有擎羊星同宮或相照的人，容易有兔唇的現象。若有火星再在三合四方處照會，其人臉上表情陰霾，情緒悲觀，會有想不開容易自殺的狀況。

巨門坐命的人，喜歡用口指揮人，多說少做，命宮中有化權的人更甚。命宮中有巨門化祿的人，是用嘴油滑的人，較會花言巧語，也特別好吃。巨門居陷在命宮的人，常有不實在或言過其詞、愛騙人的言詞。

命宮中有巨門化忌的人，其面龐五官不清，多細小痣或斑痕、麻點、皮膚粗，言語反複，語意不清，頭腦也有問題，常自造一些理論，有理也說不清。白曉燕案綁匪陳進興就是巨門化忌、陀羅坐命的人。

凡巨門坐命的人，多與人相交是初善終惡，開始是甜如蜜，多情多義，但與人相交不及三個月便要換一批朋友，口舌是非不斷，很難信義至終。

## 天相坐命的人

天相坐命的人，有圓中帶方的臉型，下巴呈方形。面色在少年時為青白色，中、老年時膚色稍深，為偏黃的青白色。

天相坐命的人，相貌敦厚，性情平和，態度沈穩、謹慎，有正義感，言語誠實，做人有禮貌、知進退、中規中矩，為人又熱心又大方，喜歡助人和做公益之事，因此得人敬重和喜愛。他們和紫微坐命的人外貌有一些相似，都長得正派和氣派。但紫微坐命的人，有威儀，講話速度慢，給人在感覺上心機多了一點。而天相坐命的人，在外貌上端正體面，溫和得體，對人的親和力較佳，眼睛也較大。因此他們要比紫微坐命的人，人緣更好。

天相坐命，有昌曲在命宮的人，長相美麗，桃花問題很嚴重。

天相與天姚在命宮的人，不論男女皆妖俏好淫，屬於含有邪桃花的人。

天相與擎羊同坐命宮的人，同樣有忠厚老實的相貌，但臉瘦下巴稍尖，且眼大心狠。這是『刑印』的格局。其人為技術格的人，會擁有特殊技藝在身，但內心愛計較，心狠手辣，但無法掌權。若再有廉貞在四方三合處相照的人為『刑囚夾印』會因事發而遭官符，繫身囹圄。

天相與火、鈴同宮的人，面龐清秀、急躁、脾氣不好，眉宇多憂愁，身體瘦弱、病痛，為帶疾延年之人或殘障人士。

## 天梁坐命的人

天梁坐命的人，臉型為長方型。天梁居廟時，下巴較寬，天梁居陷時，地閣較小。面色為少年時是黃中帶青白，中、老年時膚色較暗，為黃色偏黑。

天梁坐命的人，眼睛都不小，多半是雙眼皮，眼神溫和。天梁居旺的人，有機智謀略，善辯，也喜愛競爭，接受挑戰。天梁居陷坐命的人，溫和而沒有競爭心，也不愛管別人的閒事。李登輝總統就是天梁化祿坐命午宮居廟的人。

天梁坐命的人，都有面色沈穩凝重的表情，不會三三八八的沒有儀態，天梁加羊、陀、火、鈴，會有心機深沈，脾氣暴烈的情況，面部在深沈中會帶有邪氣。

## 七殺坐命的人

七殺坐命的人，有中等方型長臉及大眼。某些人的臉稍短，但腮骨會明顯。眼睛的瞳仁很大，不怒而威。面色在少年時為青白色。中、老年時為暗黃色。

七殺坐命的人，很少有肥胖者，但有骨骼堅硬的感覺。命宮居旺者，臉龐皮膚平滑，但三十歲左右便有紋路，看起來很操勞努力的樣子，是一種文質武相的感覺。命宮有煞星羊、火、鈴同宮者，其人臉龐瘦削，微麻，或臉上有明顯傷痕及肢體有傷殘現象，例如少一指或五官中缺一種官能。

七殺坐命的人，臉上多會顯露出一種堅定、頑固威武、煞氣的表情，好似隨時會拼命似的，令人望而生畏，不敢造次，也會心有顧忌，這也可以說是帶有一股化煞為權氣勢的人。宏碁電腦的老闆施振榮先生就是七殺坐命的人。

## 破軍坐命的人

破軍坐命的人，是中等長方形的臉型，兩顴骨高，兩腮寬闊，很多人都是具有『風』字型的臉型。在少年時，面色是黃青色，中、老年時是暗黃色。

破軍坐命的人，通常因臉寬，而給人有胖胖的感覺。其人臉面頭顱一定會有傷痕。嘴大，某些人的嘴唇還很厚。表面看起來為人很四海，初識時與什麼人都能一拍即合，稱兄道弟，實際無法長久，而且言語多不實在。他們也是不能遵守常規或一般規範的人，喜歡鑽漏洞，套交情，雖然在某些時候很能努力打拚，但對價值觀和對金錢的處理方面有瑕疵，對是非正義也不能堅定固守，因此事業多成敗，在金錢方面也破耗太多，他們是不適合做會計、金融管理業務的人。

破軍坐命的人，通常外表都有些邋遢，不是牙齒不整齊，就是臉上有傷痕，斑點，麻面等等。而且會在某些不適合的場合穿自以為很藝術、很嬉皮或是很鄉土的穿著，做和別人格格不入的服裝打扮，標新立異，讓別人很錯愕。但是有文昌或文曲和破軍同在命宮的人，面貌看起來較文質、有氣質，依然頭面會有傷痕，但都在不容易露來的部位。其人也會注重外表的打扮穿著，而有不同於一般破軍坐命的人的特殊氣質。可是破軍和昌、曲同坐命的人，長相雖美麗、有氣質，卻一生不富裕，為窮困命格。

破軍若有羊、陀、火、鈴在命宮的人，臉面有傷痕、麻臉，亦露凶相，氣質低粗，一眼即可識破。前考試院長許水德先生就是破軍坐命的人。

## 祿存坐命的人

祿存坐命的人，都有長方形的臉型，有的人臉長，有的人臉小。臉部都是瘦瘦的感覺。面色是黃中帶有青白色。

通常祿存坐命的人，在與初識者見面時，臉上都是木然的表情，反應遲鈍，很少言語，形態沈默。但祿存坐命的人是溫和的，因為受羊陀相夾的關係，好似很害怕受人欺侮似的，故而在很多時候會露出逆來順受的表情。

祿存坐命的人多半有特殊的手藝或才能，做事兢兢業業很勞苦，很愛奮鬥賺錢，對錢財較吝嗇，是只進不出，很會積蓄的人，這種人很適合做會計、出納，很會為老闆省錢。副總統連戰的夫人連方瑀女士就是祿存坐命的人。

## 文昌坐命的人

文昌坐命的人，有圓型的臉型，面色為黃中帶青白色。中、老年時仍是黃中帶青白色的臉色。

文昌坐命的人，都有五官端正，清秀，儒雅的外貌，文昌居旺時，較會在文藝氣息濃厚的地方工作。文昌居陷坐命，再有廉、火、羊照命的人，是貌美而有娼妓之命的人，男子亦同。

文昌坐命的人，是空宮坐命的人，因此臉上會有一種單薄的感覺，若命宮不在旺位，再有煞星沖破的人，身體很差，臉上的斑痕很多。命宮中是文昌化忌的人，斑點更多，而且眉宇不開展，頭腦糊塗。

文昌坐命的人，多半個性耿直孤僻，因此在臉龐的表情中帶有傲氣，與人相處並不是很合諧。他們會用很有距離感的禮貌來對待初識的人。新黨趙少康先生是文昌坐命有紫貪、羊刃相照的人。因此唇部有傷。

## 文曲坐命的人

文曲坐命的人，有小圓長臉型，臉上一定有痣或斑點、胎記，大部份人是痣。某些人的臉會較圓一點。面色是黃中帶青的顏色。

文曲坐命的人，通常都能言善辯，有些人的嘴巴較大。在性格上有些孤僻，雖然他們很討人喜歡，但有時也會感覺出他們有一些怪毛病。文曲居陷坐命的人，說話常出錯，因此通常他們較靜。

文曲坐命的人，通常愛表現，展露自己的才華，也喜歡對異性施展媚力。較正派的文曲坐命者，其命宮對宮的主星也一定是正派的星曜，若命宮對宮的星曜為巨門、廉貪、羊陀、火鈴時，其人較虛偽，且有不高級不正派之面貌、態度。而且多惹邪淫桃花。

國民黨之章孝嚴先生為文曲坐命酉宮，有機巨相照的人。

文曲化忌坐命的人，廢話很多，詞不達意，並招惹很多桃花是非纏身不斷。

## 天魁坐命的人

天魁坐命的人，有圓形略帶方的臉型。地閣小（下巴小），臉是瘦型。面色是黃中帶紅的顏色。

天魁坐命的人，是空宮坐命的人，受對宮主星的影響很深。若對宮主星是正派星曜，天魁坐命的人，就會面龐出現有威嚴、風雅、溫和善良的外貌。反之，則天魁坐命的人，則會被對宮的凶煞之星而蓋過，形成不為善類的面貌了。前高雄市長吳敦義先生就是天魁坐命有武曲、貪狼化祿相照命格的人。

## 天鉞坐命的人

天鉞坐命的人，有小短略帶方形的圓臉，地閣小（下巴小），瘦型。面色為黃中帶紅白色。

天鉞坐命的人，也是空宮坐命的人，受命宮對宮主星的影響很深。若對宮主星是正派溫和的星曜，天鉞坐命的人，則氣質高雅，受人喜愛，但桃花事件很多。若對宮主星為巨門、廉貪等星，則此人只是邪淫桃花的庸俗之輩了。

## 左輔坐命的人

左輔坐命的人，有圓長形的臉型，有些人在下巴處略方。面色是黃中帶白的臉色，臉型較瘦。

左輔坐命的人，是空宮坐命的人，臉上五官較單薄，給人不突出，且不容易記得其面貌長相的感覺。同樣的，其人受命宮對宮主星的影響很大，若對宮主星為正派之星，則左輔坐命的人相貌堂堂，溫和、謙善。若對宮主星有廉貪、巨門、破軍等耗星相照的人，其人外表粗俗，且不為善類。台塑集團王永慶先生就是左輔坐命有機巨相照的人。而中研院長李遠哲博士也是左輔坐命有天機化權、巨門相照的人。

## 右弼坐命的人

右弼坐命的人，有小圓長臉型，面色是白中帶青色。臉上有痣或斑點。同樣是空宮坐命的人，五官單薄不突出，不容易讓人記得。端看其命宮對宮相照的主星為何。是正派吉星者。其人是美麗、溫和、耿直、面貌正派、謹慎小心的人。有廉囚刑星，或與廉貪、巨門、羊陀、火鈴同度相照的人，則不為善類，可從面貌上一眼便可認出。演員胡茵夢就是右弼坐命，有機陰相照命宮的人。

## 擎羊坐命的人

擎羊坐命的人，具有狹長形略似『羊』字型的臉型，擎羊居旺在命宮的人，臉型為長橢圓型。擎羊居陷在命宮的人，其臉型狹長，有怪異的下巴，臉上有傷殘、破相、麻臉、眇目，目光凶狠，不為善類，性格奸佞，心術亦不正，多為雞鳴狗盜之輩。

擎羊居旺坐命的人，亦需看其命宮對宮的主星而定善惡。有吉星者，尚可從正業。任外科醫生、法官、執法人員，或與刀、血光、傷災、決斷、剛硬有關的行業。命宮對宮有巨門、七殺、火、鈴等煞星多者，有殘疾、是非、不善終等現象。

擎羊坐命的人，目光都不夠平和，多懷疑，衝動，剛暴。不笑的時候或思考時很嚇人。演員陳為民即為擎羊坐命的人。

## 陀羅坐命的人

陀羅坐命的人，有圓形帶方的臉型，面頰很寬，圓胖，面型多不整齊，皮膚贅肉很多，臉上有傷痕，或唇齒定有傷、長相粗俗。面色為年少時白裡透青，中、老年時黃中帶青色。

陀羅坐命者，是外虛內狠之人。且與親人、友人多不合諧，做事也反反覆覆，不長久之狀。是非糾纏不清，與親人也不和，常無廉恥之心，相貌粗俗。

陀羅坐命的人，有廉貪相照的人，因色犯刑，酒色成疾，是為低賤之人。陀羅坐命有羊刃在身宮的人，刑剋重，多從事喪葬墓穴等工作，有瞎眼目疾，貧窮的樣貌。

## 火星坐命的人

火星坐命的人，有長圓臉型，臉面是黃中透紅色。火星居旺的人。臉色是是健康的古銅紅色，有健康美。火星居陷的人，臉龐瘦削，有一點麻臉、雀斑或傷痕在臉上，頭髮呈乾枯的紅黃色。

火星坐命的人，多半有厚厚的嘴唇，眼光閃爍、急躁、坐立難安，腳會抖動等毛病。他們屬於陽剛氣很重的人，喜歡言談或與人聊天，速度很快，不會在一個地方停留很久，做事速戰速決，虎頭蛇尾。火星居旺的人通常都有偶發的賺錢機會，金錢運不錯，因此他們不太會在乎別人的感受。火星陷落坐命的人，機運很差，性格剛強狠毒，臉龐瘦削、有麻臉、傷痕、頭髮乾枯之現象，形態猥瑣。一生是非下賤。

## 鈴星坐命的人

鈴星坐命的人，臉型是短方形、腮骨突出，有些古怪的臉型。臉瘦露骨，有傷痕及麻面的現象，有時也有顛狂之症，性格怪異，大膽，眼露懷疑的凶光，情緒化的反應很嚴重，外表上即為猥瑣不正派的小人。

鈴星居旺坐命的人，也常有暴發運，有意外之財。鈴星陷落坐命的人，則財運差，性格狠毒，不為善類。

## 地劫與天空坐命的人

地劫坐命的人，有近乎菱形的臉型，一般稱作『申』字臉。上額小，天庭不滿，下巴短，地閣不足。因是空宮坐命的人，會有形貌不清，多傷破相等狀況。很多地劫坐命的人多命坐亥宮，對宮有廉貪相照，此為性格頑劣，喜怒無常，處處惹人嫌惡，不行正路，喜與邪佞之人相交往的人。

天空坐命的人，有小圓長的臉型，面色為青白色。因是空宮坐命的人，容易形貌不清，讓人不容易記得。此命人多半眼神清徹，身體削薄，頭腦雖聰明，但無主見，亦不多話，只活在自己的世界裡。命坐酉宮，有陽梁相照的人，為萬里無雲格，會成為修練得道的高僧或德高望重的人，但一生與世俗財利無緣。

國父孫中心先生就是天空坐命酉宮，有

陽梁相照的人，因此能大公無私，推翻封建帝制、創立民國。

凡是地劫坐命和天空坐命的人都非常聰明。要看對宮相照的星是什麼星？就會決定此人的性格、智慧和能力。地劫坐命對宮為紫貪的人，反能輔正，除掉邪淫桃花的惡習，成為一個正派、懂進退的人。

# 第二章

# 如何從身高及身體外型來看命宮主星

身高及身體外型的胖瘦，也可從命宮主星的星曜裡看出端倪，吉星居旺的，體型高大。煞星居陷的人，矮小瘦弱。

# 如何選取喜用神

(上冊)選取喜用神的方法與步驟
(中冊)日元甲、乙、丙、丁選取喜用神的重點與舉例說明
(下冊)日元戊、己、庚、辛、壬、癸選取喜用神的重點與舉例說明

每一個人不管命好、命壞，都會有一個用神和忌神。
喜用神是人生活在地球上磁場的方位。
喜用神也是所有命理知識的基礎。
及早成功、生活舒適的人，都是生活在喜用神方位的人。
運蹇不順、夭折的人，都是進入忌神死門方位的人。
門向、桌向、床向、財方、吉方、忌方，全來自於喜用神的方位。
用神和忌神是相對的兩極。
一個趨吉，一個是敗地、死門。
兩者都是人類生命中最重要的部份。
你算過無數的命，但是不知道喜用神，還是枉然。
法雲居士特別用簡易明瞭的方式教你選取喜用神的方法，並且幫助你找出自己大運的方向。

# 第二章　如何從身高及身體外型來看命宮主星

當我們從一個人的身體外型來斷定此人的命宮主星時，實際上就符合了『觀人十法』中的七、取腰圓背厚、胸坦腹墜、八、取手足等兩項法則。而在紫微命理裡，身材的外型也會讓你對此人的命宮主星的判斷，具有決定性的影響。就像破軍居旺坐命的人會具有五短的身材，寬肩厚背，而腰或肩有傾斜的狀況。而破軍居陷坐命的人（指廉破坐命、武破坐命的人），有瘦高而麻面、破相的情形，這是截然不同的狀況。有了這些特徵，再加上面貌臉型五官的配合，我們便不難認出此人命宮主星了。

## 第一節　從胖瘦高矮所歸納之命宮主星

1. 中等略矮壯碩，舉止斯文者：紫微坐命者、紫殺坐命者。

2. 中等略矮較胖，舉止斯文者：陽梁坐命酉宮的人。同梁坐命寅宮者。

3. 中等略矮壯碩，舉止威武者：七殺坐命者、武殺坐命者、紫殺坐命者。

4. 中等身材瘦型，舉止斯文儒雅者：紫貪坐命者、文昌坐命者、機梁坐命者、天機居丑、未、巳、亥宮之坐命者、天府坐命者、機陰坐命者、廉府坐命者、太陰居卯、辰、巳宮坐命者、同陰坐命者、天空坐命者、文曲坐命者。

5. 中等身材矮瘦，舉止文雅者：廉殺坐命者、天梁居陷坐命者、左輔坐命者、右弼坐命者、天魁、天鉞坐命、天相坐命卯、酉宮的人。

6. 中等身材壯實、舉止文雅者：廉相坐命者、太陰居旺坐命者、天同坐命卯、酉、辰、戌宮者、武府坐命者、紫府坐命者、武相坐命者、紫相坐命者、巨門居旺無煞星在對宮相照者、陽巨坐命者、天梁坐命丑、未宮者。

7. 中等身材壯碩、舉止威武者：廉貞坐命者、貪狼坐命寅、申宮者、七殺坐命寅、申宮的人、武曲坐命者。

8. 中等略矮肥胖，形貌較粗者：破軍坐命辰、戌、寅、申宮者。巨門、陀羅同坐命宮者、陀羅單星坐命者、地劫坐命者。

9. 中等身材瘦型、舉止較粗者：火星坐命者、鈴星坐命者、巨門居陷坐命者、武破坐命者、同巨坐命者、巨門居陷坐命者。

10. 中等身材壯碩，舉止較粗者：廉破坐命者、廉貞坐命者、破軍坐命子、午宮者。貪狼、陀羅在寅、申宮坐命者。

**11. 中高身材壯碩、舉止斯文者：**貪狼坐命子、午宮者、機巨坐命酉宮者、日月坐命者、天同居旺坐命者、太陰居旺坐命者、天相居旺坐命者。

**12. 身材高大壯碩、舉止斯文者：**天梁坐命子、午宮者、機巨坐命卯宮者、太陽坐命者、武貪坐命者，陽梁坐命卯宮者。

**13. 身材肥大或壯碩，舉止粗俗者：**巨門居旺化忌，再加四煞照會的人。貪狼、陀羅在辰、戌宮坐命的人。

# 第二節　從身高體型來看命宮主星

## 紫微坐命的人

紫微坐命的人，身材都不很高，男性在一六〇公分至一七〇公分之間，女性為一五五公分至一六二公分之間，算做中等略矮身材。

**身材特徵**：為腰背多肉，身材為上身長、下身短，沒有大胖子、也沒有扁瘦之人。通常紫微坐命的人，在二十幾歲時，就會擁有歐吉桑的體型，看起來身體的份量很重往下垮的樣子，其皮膚的顏色，較黝黑偏黃，手足都較短，動作緩慢、沈著，常讓人覺得他是一面在思考，一面在做舉手投足的動作的。

## 紫府坐命的人

紫府坐命的人，身材也不很高，男性在一六〇公分至一六六公分之間，女性為一五五公分至一六二公分之間，算做中等略矮的體型。

**身材特徵**：體型較細緻，但依然腰背較壯，較有精神，不似紫微坐命的人，有身材下垮的型態。皮膚的顏色是黃中偏白的顏色。手足都較秀氣平實。這和紫府坐命偏好物質享受有關。其言行舉止穩重而勤快。

## 紫相坐命的人

紫相坐命的人，身材屬於中等較高的型態。男性在一六五至一七八公分之間。女性為一六〇公分至一六五公分之間，算做中等較高的身材了。

**身材特徵**：體型較細緻，屬於坐辦公室或高文化水準環境裡的人的體型。三十歲以後會略漸發福，身體會變得胖胖壯壯的。其手足的長度也比前二者人較長。皮膚的顏色是黃中偏青白的顏色。其動作舉止穩重而活潑，但很重禮儀、規矩。

## 紫貪坐命的人

紫貪坐命的人，身材屬於較修長的型態。男性的身高為一六五公分至一七六公分之間。女性為一六〇至一六六公分之間。

**身材特徵**：紫貪坐命的人，無論男女，都具有姣好的身材，手腳長瘦型，體型優雅。縱然三十歲以後略胖一點，但也不會變型的很厲害。只是更增穩重的氣質而已。身材的比例胖瘦得宜，很修長、細緻、皮膚為黃中偏青的顏色。如此的好身材，再配上姣美的面貌，優雅的氣質，無怪乎人人喜愛，桃花緣重，為『桃花犯主』的格局了。

## 紫殺坐命的人

紫殺坐命的人，身材都不會很高，屬於中等略矮壯的體型。男性在一六四公分至一六八公分之間。女性的身高在一五五公分至一六四公分之間。

**身材特徵**：紫殺坐命的人，都有骨骼感覺較粗大的形態，不會太胖或太瘦，三十歲以後較壯。體型的動感很有精神，是勤勞肯做事的人，速度感也很快。但是在心情惡劣時會變成病貓一般不愛動了。其人手部、足部關節部位較大突出，肢體是有骨感個性的人。皮膚的顏色為黃中偏青的顏色，某些人會為黃青白色。其人動作舉止在穩重中而有速度感。是一種一看就很勤勞奮發的人。

## 紫破坐命的人

紫破坐命的人，身材都不高，比紫殺的人還矮，屬於中等較矮的體型。男性的身高為一六〇至一六五公分之間。女性的身高為一五三至一六〇公分之間。

**身材特徵**：紫破坐命的人，無論男女都會有肩寬背部較厚的形態，此形態由其在三十歲以後更見明顯。紫破坐命的人在所有命宮有紫微星座的組群裡是形貌較粗、不夠細緻的人。言行舉止也較粗俗，不同於一般紫微星坐命的人，有較嚴謹、穩重的言行。他們只有在相貌上還維持紫微星坐命人厚實、威嚴、體面的外表。其膚色通常較黑，為黃中偏黑的顏色，有時會帶青色。為人灑脫不羈，說話誇大，自信是其特徵，也容易刺激挑釁他人。

## 天機坐命的人

天機坐命的人，分為很多種，命宮在子、午宮居旺的人，三十歲以後可能會發胖。但多半是中等不太高，身體為瘦型的人。尤其是天機在丑、未、巳、亥宮坐命的人，肯定是個子不高，較瘦矮的典型。命宮有陀羅同宮時，較胖。男性的身高多半在一六五公分左右，命宮在子、午宮的人可有一七〇公分的身高。女性的身高從一五三至一六二公分之間。

**身材特徵**：天機坐命的人，喜歡動腦和動身體，體型瘦瘦的很愛動，對於舞蹈、動感的活動很感興趣，因此有很強烈的參與感。他們的手腳都很細緻，頭腦動得快，也愛變，因此對東奔西跑型的工作、變化性大的事務，例如記者、攝影、櫥窗設計都會有興趣參與。只是耐性欠佳，常有頭無尾，人又喜歡變換環境跑走了。其膚色為黃中偏青白色。大致上天機坐命的人，多半會是文質彬彬的角色。除非命宮四方三合地帶煞星太多的人才會較粗俗。

## 機月坐命的人

機月坐命的人，就是機陰坐命的人，都有優美文質細緻、良好的體型，外貌也較美麗、身材上短下長、腿長。男性通常會在一六七至一七六公分之間。女性會在一六〇至一六五公分之間，形態姣美。

**身材特徵**：機陰坐命的人，擁有好身材，令人稱羨，外表文質彬彬，形貌細緻。男性有陰柔的外貌。女性更有多愁善感的氣質。惹人憐愛。其身材是上短下長，手長腳長，其膚色是黃白中偏向青色。其言行舉止穩重、內斂、害羞，對異性產生無限媚力，多半態度保守，愛多思慮。

## 機巨坐命的人

機巨坐命的人，是少數形體較高大的人之一。通常男性都在一七五至一八五公分之間，女性的身高在一六五至一八〇公分左右。

**身材特徵**：機巨坐命的人，擁有高大的身材，坐命卯宮的人較高大、坐命酉宮的人稍矮一點，但也比一般人高。某些人形態還算文質溫和。某些人因四方三合照會的煞星太多，不一定會有祥和的外貌。普通在他們的性格裡都有不好相處的怪僻，有時言語慳吝，讓人受不了。但是他們會有特殊的才能來生存。機巨坐命的人，通常會在公家機關，學術研究單位。或文職單位中出現。

老總統蔣介石先生及小說家張愛玲女士都是機巨坐命卯宮的人。

## 機梁坐命的人

機梁坐命的人，通常都是中等瘦型身材，其身高男性在一六〇至一七〇公分之間，女性的身高在一五三至一六〇公分之間。

**身材特徵**：機梁坐命的人，通常兩頰顴骨很高，兩腮露骨。身材偏瘦，手足皆有骨感的感覺。機梁坐命的人很沈著、精明，思想速度快，但都不動聲色，常有使人意外之動作。大致說起來機梁坐命的人，是屬於速度感較快的人，頭腦動得快，表面沈著但快手快腳，因懷疑心較重，也常判斷錯誤，這和他們自恃有過人的聰明是有關係的。

機梁坐命若有羊陀、火鈴同在命宮的人，臉上會有破損，身上多傷痕。而且做人虛偽，廢話很多，態度也喜歡裝腔作勢，心術不正。有化忌在命宮的人，臉上多小痣、斑點、不清爽，態度也頑固忸怩。

## 太陽坐命的人

太陽坐命的人，其身材通常都是胖胖大大的，男性的身高有一六八至一九〇公分左右，女性的身高至少也在一六〇至一七五公分之間。

**身材特徵**：太陽居旺坐命的人，身材體型是胖胖大大的很有福相、運氣也普遍的較好。太陽居陷坐命的人，骨架也很大，但略瘦，只是輪廓依然很大而已。太陽居旺坐命的人，氣宇軒昂，態度寬和、快樂，不計較他人是非，性格爽朗、坦白。太陽居陷坐命的人，喜歡閃躲別人的目光，為人較靜，性格稍悶。太陽坐命的人，因為形體高大，因此動作較緩慢，心思也較慢、不喜歡和別人有衝突。雖然在性格上也算是剛強好動之人，但常會原諒別人，同情別人而趨溫和。

太陽坐命若為矮瘦的人，必是居陷坐命，或八字上有刑剋的人，會福不全。

## 陽巨坐命的人

陽巨坐命的人，身材都不算高，男子的身高在一五八至一六七公分之間。女性的身高在一五三至一六三公分之間。

**身材特徵**：陽巨坐命的人，命坐寅宮的人身材會較胖。命坐申宮的人較為瘦型。一般來說陽巨坐命的人，手腳不長，但喜歡勞碌奔波，口才很好。命坐寅宮的人，做事較勤奮，身體的動感很強，命坐申宮的人，好吹噓，先勤後惰，喜歡用嘴命令人，若是有火星在命宮的人，臉上會有大痣，或有斑痕很明顯的狀況。

陽巨坐命的人，性格開朗愛講話，常常手忙腳亂，似乎很忙碌的樣子，正常的身材為矮胖型或略矮中等胖瘦，人緣不錯。

## 陽梁坐命的人

陽梁坐命的人，命坐卯宮的人，身材是胖胖大大，很有官相或總經理的福相，男性身高在一七五至一八五公分之間，女性身高在一六二至一七五公分之間。命宮坐在酉宮的人，身材較矮。肩寬骨架很大，雖然不胖，但是看起來體型橫寬，男性的身高約在一六二至一六七公分左右。女性的身高在一五八至一六二公分之間。

**身材特徵**：陽梁坐命卯宮的人，是胖胖大大的典型，膚色為黃中帶紅色，膚色較淺較白，性格開朗，有正義感，喜歡幫助人。他們一生的運氣較好，學歷、成就也較高。會成為有權勢、有地位的人，也喜歡努力做大事。但全部是態度沈穩、莊重，有進取心，動作速度感快的人。此命格的女子更有陽剛之氣，是能力很強的女強人。

陽梁坐命酉宮的人較矮，中等略矮的身材，面色凝重，膚色較黑，尤其唇部為暗黑色。此命的人性格豪邁灑脫，喜歡到處飄遊，一生的運氣並不太好，有一些人靠做跌打損傷的師父度日，或開國術館、算命為業。體型為上長下短的型式。

## 日月坐命的人

日月坐命的人，就是太陽、太陰坐命的人。有中等略高的身材，體型不錯，身體強壯，舉止文雅。命宮丑宮的人，略為高一點。命坐未宮的人，身材寬一點，稍稍魁梧一點。男性身高約在一六五至一七八公分之間。女性的身高約在一六二至一六六公分之間。

**身材特徵**：日月坐命的人，都有陰陽相濟的外貌，命宮在丑宮的人，陰柔多一點，是剛中帶柔的外型，膚色會暗一點、略帶青色。而命宮在未宮的人。在膚色上會有白裡透紅的顏色。

日月坐命的人，都有文質柔美的感覺，眉宇間常會因情緒的不穩定而輕蹙雙眉，有時也會帶有略微不耐煩的神色。但全部都是五官端正皎美，神態優雅的人。

## 武曲坐命的人

武曲坐命的人，個子不高，中等略矮。男性的身高在一六〇至一六六公分之間，通常保持在一六五公分左右，女性的身高在一五五至一六〇公分之間，通常為一五六公分或一五八公分為最多。

**身材特徵**：武曲坐命的人，個子不高，體型中等，屬於壯實的體型，通常不會太胖或太瘦。面孔圓帶方型或小圓臉，但聲音大而清脆，其人個性剛直，說做就做，因此做事的速度感很快，不會拖拖拉拉，其膚色少年時是白中帶青色，而中、老年時為暗黃青色。心情好的時候，很愛動，心情不好時好靜，脾氣快發快過，手腳勤快。

武曲坐命有化忌、擎羊同宮或相照的人會較瘦高、臉上有傷痕。這是『刑財』的格局，也會常有錢財不順的煩惱。

前國防部長郝柏村先生即是武曲化祿坐命辰宮，再有貪狼化權照命的人。

## 武府坐命的人

武府坐命的人，個子不算高，中等身材，男性的身高約在一六四至一七五公分左右，女性的身材在一五八至一六六公分之間。

**身材特徵**：武府坐命的人，身材中等修長，不胖也不瘦，身體強壯。外表看起來尚稱斯文。膚色較白，是白白淨淨中規中矩的人。武府坐命的人，物質生活好，故而注重外表儀態，會穿名牌服飾，講究生活品質。因此算是外表美麗的人。在性格上武府坐命的人，是表面溫和，內心較固執剛強自有主見的人，為人有一些小氣。

武府坐命有化忌或擎羊同宮時，形貌較粗或不高，多煩惱和是非，亦是『刑財』的格局，其人更為慳吝。

## 武相坐命的人

武相坐命的人，有中等的身材，但較胖胖、壯壯的，看起來身體很強壯健康。男性的身高在一六五至一七五公分左右，女性的身高在一五八至一六四公分左右。

**身材特徵**：武相坐命的人，中等身材略胖，也會有一〇〇公斤左右的大胖子，多半的人是屬於強壯健康的體型。

武相坐命的人，主觀意識很強烈，黑白分明，喜好美食，心情好的時候做事速度很快，心情不佳時不愛動。因是福星坐命的人，平時很少傷災。若有刑剋多半是耗財方面的問題。

## 武殺坐命的人

武殺坐命的人，身材中等略矮，男性的身高在一六二至一六六公分之間。女性的身高在一五三至一六〇公分之間。

**身材特徵**：武殺坐命的人，幾乎都有圓圓的頭顱和壯碩略矮的身體，身型是胖胖壯壯的典型，其面容與皮膚有較粗糙的感覺，其外表氣質為粗壯不夠細緻情形。其膚色較深為暗黃色。臉上容易出油光，有性格堅毅的表情，為人尚稱溫和，做事很打拚努力，一看便是勞碌命的氣質。

## 武貪坐命的人

武貪坐命的人，身材是武曲星座中較高的，男性的身高在一七〇至一七八公分之間。女性的身高約在一六〇至一七〇公分之間。

**身材特徵**：武貪坐命的人，其臉型與身高都與武曲星座中的人有異，其中有兩種體型的人。一種是體格高大壯碩型。一種是略矮、壯碩、頭顱圓圓的外型。高大壯碩型，多半命宮有權祿同宮或相照。有化忌、擎羊同宮時，人會瘦高。體型中矮、壯頭、頭臉圓的人，也要小心陀羅、化忌帶來的問題。強勢的性格寫在臉上。命宮中若沒有羊陀、火鈴、化忌、劫空等煞星來沖照的人，體型魁梧，有膽識，一生有奇運，這必須從面相與體型上沒有傷痕、疤痕、怪痣、殘缺等的狀況來看。倘若太過瘦、或臉上、身上有顯著的斑點、疤痕、痣，及手指、腳足有殘缺或功能不足的人，即是有煞星、化忌相照的人，一生較平凡，只求平順而已了。

蔣夫人宋美齡女士即是武貪坐命丑宮的人。

## 武破坐命的人

武破坐命的人，身材為瘦型，有兩種體型，一種是個子不高，一種是很瘦高，接近一八〇公分。較矮的男性為一六五公分左右，女性為一五二至一六八公分左右。

**身材特徵**：武破坐命的人，臉小，其頭顱較圓，臉型腮骨露出、大嘴，身材偏瘦型，身材結構較骨感，氣質為粗曠性質，多半做勞力付出的工作，性格上大膽，眼大突出。喜歡冒險，常喜歡『置之死地而後生』，手足骨節微露，一臉勞碌相。言語大膽露骨，人緣並不太好。

有文昌或文曲同在命宮的人，會風流倜儻，有女人緣，與人同居或三妻四妾，外表文雅一點。西安事變的主角張學良先生便是武破坐命的人。

## 天同坐命的人

天同坐命的人，多半是胖胖壯壯的身材，命宮居旺的人，會有更肥胖的體型，身高也比較高，天同居平陷之位的人，身材較矮一點，依然會有肥胖的人。天同居旺的人，男性有一七〇至一七六公分高。女性有一六〇至一六五公分的高度。天同在卯、酉宮的人，有中等的身材高度，男性在一七〇公分左右上下，女性在一六二公分上下。天同在辰、戌宮的人較矮，男性在一六〇至一六五公分左右。女性在一五五至一六四公分左右。

**身材特徵**：天同坐命巳、亥宮的人，身體壯壯的，也會有很胖的人。命宮在卯、酉宮的人，個子略矮，身體體型較美麗，是豐腴型的體型。天同坐命辰、戌宮的人，身材中等，臉上會有小痣，是非較多。

天同坐命的人，都是性格溫和、穩重、話少的人，神態一片祥和無爭之氣，讓別人都無法對他們生氣，他們的外貌非常好認，皮膚白淨，好脾氣，凡事沒有意見，眉清目秀，動作文雅，不粗俗，很討人喜歡。

## 同陰坐命的人

同陰坐命的人，有豐腴的身材，體型很不錯，屬於瘦型但身體有肉的感覺。男子的身高約在一七〇至一七七公分左右。女子的身材約在一六〇至一六八公分左右。

**身材特徵：**同陰坐命的人，有豐腴的身材，命宮在子宮的人，骨骼纖細而多肉，但不會很胖，而且白白細細的皮膚給人文雅的感覺。此命的女子妖俏美麗，有夢露般的魔鬼身材，還有慵懶的氣質相配，是男子追逐的對象。命宮在午宮的人，會體型稍瘦弱一些，個子也會略矮一點，同樣是骨架纖細的人，但命宮中再有擎羊星的人，會有橢圓型的臉型、下巴較尖，身材矮小、威武，面龐中有一股殺氣，適合做軍警武職，會有機智多謀，彪炳的功業。

同陰坐命子宮的人，是文質彬彬有氣質的人，所從事的行業也多半是文官、學術機構等工作。通常還算是才德兼備，形貌正派的人，同陰坐命午宮的人，因財星陷落的關係，眉宇間會有略露憂愁之貌。

## 同梁坐命的人

同梁坐命的人，身材多不高，三十歲以後，身材會下半身比較有下墜趨勢（也就是出現了歐吉桑的體型了）。男性的身高為一六二至一六七公分之間，女子的身高為一五五至一六二公分之間。

**身材特徵**：同梁坐命的人，命宮在寅宮的人，體型是胖胖壯壯穩重的體型。命宮在申宮的人體型略瘦，命宮再加陀羅時為矮壯體型。但在三十歲以後都漸漸趨向歐吉桑的體型，同時臉型漸漸也會變為橫寬。

同梁坐命的人，表面看起來脾氣不錯，話多，很會體貼照顧別人，一般外人都會對他的服務熱心有好的評價。可是自家人卻常有抱怨不滿之情。命宮在申宮的人，比較會遊手好閒，一生庸庸碌碌忙碌不停，同時也喜歡吹噓不實。

## 同巨坐命的人

同巨坐命的人，因命宮中天同、巨門俱陷落的關係，身材不高、也不胖，為中等瘦型身材。男性的身高為一六〇至一六六公分之間。女性的身高在一五五至一六〇公分之間。

**身材特徵**：同巨坐命的人，身材為中等略矮瘦型的體型。最顯著的特徵是臉部為圓形帶方的臉型，臉上多雀斑或小痣，也可能會有胎記之類的特徵。少年時膚色為黃中帶青色，三十歲以後膚色較深為暗黃偏黑的顏色。

同巨坐命的人，沒有事業心和責任心，喜好娛樂休閒之事。因此在這種場合多會遇見他們。性格是表面溫和，但喜歡貪小便宜，說話常惹是非的人。

## 廉貞坐命的人

廉貞坐命的人，身高為中等。男性約在一六五至一七六公分之間。女性身高在一五五至一六五公分之間。三十歲以後身材會橫向發展變寬。

**身材特徵**：廉貞坐命的人，有中等較壯碩的體型，肩寬背厚，配上圓方型的臉型，高顴骨，眼大或眼球突出，寬眉口橫，嘴大卻時常緊閉。性格剛烈好辯、多計謀，做事會暗地裡有計劃的再進行。膚色為少年時黃中帶白，中、老年時膚色較黑，為暗黃中偏紅色。

廉貞坐命的人，喜歡作官、搞政治，也容易犯官符、訟事。有這幾項特徵再加上前面所述身型、面型的特徵很容易認出他們來。例如宋楚瑜先生便是廉貞坐命的人。

廉貞坐命的人，其對宮或四方三合地帶有羊陀、火鈴相沖照的人，臉上會有麻臉，或很多的雀斑，性格凶狠疏狂，一臉凶相。

## 廉府坐命的人

廉府坐命的人，身材為中等稍高、瘦型的體型。男性的身高在一六七至一七八公分之間。女性的身高在一五八至一六六公分之間。

**身材特徵**：廉府坐命的人，身材普遍為中等瘦型，不會過胖與過瘦。其人的臉型較廉貞坐命的人為長，是真正『甲』字臉的人，下巴處（地閣）也較方。廉府坐命的人，普遍的膚色都較白。性格沈穩、沈默話少，但喜歡交際、拉攏人際關係。其人臉上的表情常很嚴肅少笑，眼睛大、眼神平和。為人有稍許的傲氣。前副總統連戰先生即是廉府坐命的人。

## 廉相坐命的人

廉相坐命的人，身材中等較瘦，有些人在三十歲以後會變胖。男性的身高為一六三至一七八公分之間。女性的身高在一五八至一六四公分之間。

**身材特徵：**廉相坐命的人，身材體型通常有壯實的一種人，和相較起來比較瘦小一點，外表較斯文的一種人。這兩種人同樣都會有不喜歡說話，外表性格上有些高傲，膽量很小，臉型是中等長方帶圓型的臉型的人。其人多半會做管理性的工作，或做金融、會計方面的工作。廉相坐命的人，有擎羊同宮或相照的人，為有『刑囚夾印』的命格。其體型會更瘦變小一號，臉型的下巴會較尖，容易犯官符。若四方三合照會的桃花星多的話，容易有色瞇瞇的眼睛，會惹上桃花色情官司。

有廉貞化忌、天相、擎羊、火鈴等多個煞星同宮坐命的人，會在出生時，即有殘缺，或有唇額裂的情形，要多次開刀治療。

## 廉殺坐命的人

廉殺坐命的人，身材不高較矮，身材也較瘦，男性的身高在一五八至一六七公分之間，女性的身高在一五三至一六二公分之間。

**身材特徵**：廉殺坐命的人，普通是矮小、身體瘦瘦的很能吃苦，很衝動、不算聰明。其人眼大嘴大，輪廓分明，顴骨較高、腮骨明顯。性格沈穩話不多，喜歡在自己心中過度思慮。廉殺坐命的人，眉宇之間多不開朗。若命宮或對宮有擎羊相照時，其人身材瘦高，比較聰明，有一八〇公分高。外傷多，有破相，下巴更尖。但有官符或傷災會發生。

廉殺坐命的人，命宮中有化忌星時，其人的面貌膚色為暗黃偏紅色，是非災禍糾纏不清，其人思相上也混亂糊塗。

廉殺加文昌、文曲四星同在命宮，坐於丑宮的人，是幼年辛苦，但學習能力強，能懂禮儀的人。

廉殺坐命的人，身體多不好，有心臟方面會開刀的毛病，也會有暗疾叢生的毛病。

## 廉破坐命的人

廉破坐命的人，身材粗壯瘦型，為中等略高身型的人，男性的身高為一六五至一七五公分之間，女性的身高為一五八至一六五公分之間。

**身材特徵**：廉破坐命的人，身材粗粗壯壯的，瘦型、骨骼很大，骨節明顯。其人的臉型為中等長方型，腮骨突出，看起來兩頰也很寬。其顴骨很高，鼻樑塌陷，鼻頭大、鼻孔外露、四方嘴、嘴大、唇厚，臉上有破相，身上有傷痕，或開刀之疤痕。

廉破坐命的人，通常都是一付黑臉，膚色很黑。平常不喜歡說話，為人陰沈強悍，但一開口便很狂妄，口才好，辯才佳，從不怕得罪人，被刺激時更有衝鋒陷陣、拚命不怕死的精神，讓人佩服。

廉破坐命的人，若其命宮有羊陀、火鈴相沖害時，其人的性格更陰沈，有憂鬱病，臉色更暗。也會有傷災、殘疾、自殺等狀況發生，不善終。

廉破坐命的人，有文昌或文曲同宮時，氣質會稍好，臉型會較美麗，尤其是坐命酉宮的人，昌曲居旺，其人會有西方臉部輪廓深、大嘴、大眼的美麗面貌。但也會有起伏、窮困的人生和水厄之災。

## 天府坐命的人

天府坐命的人，有中等略高的身材，體型豐腴，不胖不瘦。男性的身高在一六七至一七六公分之間，女性的身高在一五八至一六五公分之間。

**身材特徵**：天府坐命的人，身材不錯，胖瘦適中、上下平衡。大致看起來屬於瘦型壯實的體型。其人的氣質文質彬彬很平和，是外柔內剛的典型。其人的膚色較白，面相忠厚老實，做事負責，讓人信賴。天府坐命的人凡事會操心、嘮叨，像一個管家婆，做事很踏實，喜歡按步就班，對錢很小心，有些吝嗇。他們多半會從事金融、會計或公教人員，平穩而規律化的工作，其人性格較慢，沒有激進之心，因此眼神平和而有些高傲。

天府坐命又有擎羊同在命宮的人，外表雖仍是白白淨淨的上等人形狀，但下巴較尖，其人內心也容易奸詐不正。高傲的態度更明顯。

## 太陰坐命的人

太陰坐命的人，有中等略高的身材。命宮在酉、戌、亥宮居旺的人，其身材略胖。其命宮在卯、辰、巳宮居陷的人較瘦，也略矮一些。男性的身高為一六五至一七六公分之間。女性的身高為一五三至一六五公分之間。

**身材特徵**：太陰坐命的人，命宮為居旺的人，身材為中等略高，也略微較胖一點，臉型是鵝蛋臉。命宮居陷的人稍微較矮較瘦一點。其人的外表文靜而有些害羞，很受到異性的喜愛。年輕時面色是白中帶青的顏色。中、老年時膚色較深為黃中帶青黑色。其人的龐是橢圓帶方的臉型，文質彬彬，乖巧可愛，一生中艷遇多。太陰坐命的人，都有性格穩重，有點陰沉，多疑多慮，心思很多的毛病，情緒容易起伏不定。初識時不愛講話，熟了便很熱絡。常有以『情』來論理，重情不重理的態度。

太陰坐命的人，命宮中再有擎羊星的人，面型下巴較尖，有時會形成瓜子臉，美麗而多疑。容易為感情問題而自殺，影星于楓便是此命格的人。

## 貪狼坐命的人

貪狼坐命的人，年輕時都有很好的身材，貪狼在子、午宮居旺的人較高，貪狼在辰、戌宮坐命的人，較胖是壯碩的體型。貪狼在寅、申宮坐命的人為中等較為矮一點、瘦一點的體型。男性身高約在一六五公分至一八〇公分之間。女性的身高約在一五八公分至一七〇公分之間。

**身材特徵**：貪狼坐命子、午宮的人有較高大的體型，儀表非凡，性格剛猛，有機謀。由其喜歡吟遊風雅之事。此命的人容易出現在教育機構、文化、出版等業界。

貪狼坐命辰、戌宮的人，身體較為壯碩，也會為胖型，腰粗背厚，壯似威武的形象。吳伯雄先生即是貪狼坐命辰宮的人。

貪狼坐命寅、申宮的人，身材比前二者略瘦略矮一點，性格上也比前二者深沉一些，喜歡計劃營謀。桃花重，好酒色。

凡貪狼坐命的人都有共同的特徵，性子急，動作快，凡事速戰速決，絕不拖泥帶水。具有多種才藝，但都博學不精。貪狼坐命的人，人緣都極佳，從不得罪人，做人很圓滑，喜歡運用交際手腕以成大事。

貪狼坐命有火星同宮或相照命宮的人，面色是白裡透紅。有鈴星同宮或相照命宮的人，臉色是面白略帶青黑色。一生常有暴發運，面部表情剛毅，行為有點怪異，性子更急，做事更馬虎，在人緣關係上有時也不能照顧得很好了。

## 巨門坐命的人

巨門坐命的人，會因所坐命宮方位的不同，其身材而有高矮不同。巨門坐命子、午宮的人身材會比較高大，男子身高從一六七公分至一七八公分的都有。女性在一六〇公分至一六八公分之間屬於中等略高的身材，三十歲以後也會變胖。巨門坐命巳、亥宮的人身高也是在一六七公分至一七八公分之間。巨門坐命辰、戌宮的人較矮，男性的身高在一五八公分至一六五公分之間。女性的身高在一五二公分至一六〇公分之間。

身體較瘦小。

**身材特徵**：巨門坐命的人最主要的特徵就是嘴大、愛說話、口才好、愛辯、臉上有痣或雀斑、胎記等明顯記號。痣多長在嘴部的周圍。也有在臉頰上的。巨門、火星坐命的人，會有大痣或滿臉小痣、麻臉、大片的胎記等現象。巨門居旺坐命的人，身材較高大。巨門居陷坐命在辰、戌宮的人，身材較瘦及矮小，有些也會是矮壯豐滿型。

巨門居旺坐命子、午、巳、亥宮的人，四方三合地帶照會煞星少的人，還有清秀的面貌。有三顆以上煞星照會的人，形貌較粗，為人也不善。

巨門坐命的人都有愛嘮叨，喜歡挑剔別人的毛病，一生口舌是非都多，疑心病重，反覆無常。與朋友相交，剛開始很甜蜜，相熟後便反目。是因誤會而結合，因瞭解而分手的明顯狀況。

◎有巨門化權在命宮的人，喜歡爭權奪利，說話誇大而有權威，很有說服力，性格固執。有化權相照命宮的人亦然。參選高雄市長的謝長廷先生即是巨門坐命而有天機化權相照的人。

◎有巨門化祿在命宮的人，說話油滑，很會以言語哄騙別人，人緣亦佳。若有煞星相照的人也會成為口蜜腹劍的人。

◎有巨門化忌在命宮的人，臉上的五官不開朗，較粗俗、多痣點或疤痕。會有頭腦不清，有扭曲邪惡的人格。一生也會多是非災禍。巨門居陷化忌的人更是嚴重。

## 天相坐命的人

天相坐命的人，身材中等。天相居旺的人是胖胖大大、個子較高的人，男性身高在一六七公分至一八〇公分之間。女性的身高在一六二公分至一六六公分之間。天相在卯、酉宮為居陷的位置，其人的身材較瘦小，較矮，身高男性為一五八公分至一六五公分之間，女性的身高在一五二公分至一六〇公分之間。中年以後也可能會發胖。

**身材特徵**：天相坐命丑、未宮的人，身材都較高大壯碩，五官端正，相貌好，沒有羊陀、火鈴在命宮或四方三合處冲照的人，也不會有破相外傷的樣貌，忠厚老實，做人也實在。

◎天相坐命的巳、亥宮的人，身材中等，不會太胖或太瘦，身體強健。相貌忠厚，若有煞星沖照，臉上會有破相傷痕。

◎天相坐命卯、酉宮的人，身材矮小，瘦型。某些人在中年以後也會發胖。但這種人較少。是外貌忠厚，做事勤勞，長相端正的人。命宮中若有擎羊星時，其人的下巴較尖，臉型、身材更瘦，面貌雖忠厚，但眼神閃爍，為人較陰狠、多思慮，福不全。這是『刑印』的格局，無法掌權，一生沒有地位。可做與血光、傷災有關的工作。

◎凡天相坐命的人，為人都比較操勞，外表也會露出忙碌或做得很累的樣子。雖然性格溫和，不喜歡惹麻煩，但勞心勞力的狀況很明顯。

## 天梁坐命的人

天梁坐命的人，在天梁坐命子、午宮時，身材很高大壯碩。男性的身高為一七五公分至一八五公分左右。女性的身高為一六二公分至一七五公分左右。

天梁在丑、未宮坐命的人，身材為中等穩重的體型。男性的身高一六五公分至一七五公分左右。女性的身高在一六〇公分至一六五公分之間。

天梁在巳、亥宮坐命的人，身材較為矮瘦。男性的身高約在一六〇公分至一六五公分之間。女性身高約在一五六公分至一六二公分之間。

**身材特徵**：天梁坐命的人都有面色沉穩、莊重的儀態，性格溫和。面色在少年時為黃白帶青的顏色。中、老年以後為略黃偏黑的顏色。基本上天梁坐命的人都較陽剛。

天梁居旺坐命有化權在命宮的人，喜歡政治掌權的活動。為人嚴肅，有機謀，愛競爭。有化祿星在命宮的人，人緣較好、重財、重視自我利益。這兩種人都是有『陽梁昌祿』格的人，一生運勢不錯，也會走官途做大官。

前總統李登輝先生即是天梁化祿坐命午宮的人。

◎天梁坐命子、午宮的人，身材高大壯碩，有名士風度，行事果決，善辯，長方臉型，盛嚴、固執、有傲氣。

◎天梁坐命丑、未宮的人，體型中等，略瘦，比前者略小一號。面部表情是沉穩而精明的態度。性格較善變，但仍不失厚重，溫和的樣貌。

◎天梁坐命巳、亥宮的人，體型略矮、瘦型。性格較不與人計較，為人懶散，喜愛享福、性格溫和善良。

◎天梁坐命而命宮有擎羊、陀羅、火星、鈴星、劫空在命宮或相照的人，眼神較不穩定，容易有凶相外露的狀況，面部及身上也容易破相留有疤痕。

## 七殺坐命的人

七殺坐命的人，身高多不高，是中等略矮的體型。男性的身高在一五八公分至一六七公分之間。女性的身高在一四八公分至一六二公分之間。

**身材特徵**：七殺坐命的人，很少是很胖的大胖子的，但骨架大、剛硬，是骨感十足的人。七殺居朝時，在寅、申宮的人，較會有身材高大的人，在辰、戌、子、午宮坐命的人，多半是身體健康體壯的身型。而且個子也不高。

七殺坐命的人，面部的輪廓分明腮骨露出。眼睛大，瞳仁很黑很大，嚴肅的時候很威武，有肅殺之氣。七殺單星坐命時都在廟旺之位，若再有羊陀、火鈴等煞星相照的人，會有面部微痳，或臉尖眼凶的惡相。

◎七殺坐命的一般人，以坐命子、午宮的人較多，多半是公教人員或做生意的人較多，做事很努力，較喜歡賺錢。

◎七殺坐命辰、戌宮的人，體型較壯碩，中矮身材，也是辛苦打拚型，喜歡做老闆。

◎七殺坐命寅、申宮的人，命格較高，容易從軍警武職，會有高官位。或在與軍械武器、鐵器相關的行業中做主要負責人。

七殺坐命的人，都是幼年身體孱弱，成年以後身體漸成健壯的人，膚色年青時為黃青發白的顏色。中老年以後為暗青色。面部表情沉穩多謀、嚴肅、肯負責任，喜愛冒險，性格強硬，喜怒形於色，但屬於沈穩慢性子的人。

## 破軍坐命的人

破軍坐命的人，命宮居子、午、辰、戌宮的人，為五短身材，身高男性為一五八公分至一六五公分之間，女性為一五二公分至一六〇公分之間。命宮居於寅、申宮的人為居得地之位，身材比前者略高，男性身高為一六〇公分至一六八公分之間，女性身高為一五四公分至一六二公分之間。廉破、武破坐命的人，命宮中的破軍居平陷之位，其人身材會較高。

**身材特徵**：破軍坐命子、午、辰、戌宮的人，為肩寬背厚，體型肥壯，較矮、腰或肩有傾斜的情況。臉上有破相傷痕，臉寬嘴濶，嘴唇很厚，牙齒不整齊的狀況。就像考試院長許水德先生就是破軍坐命辰宮的人。

◎破軍坐命寅、申宮的人，身材會略高一點，但仍屬於中矮型的人。依然是肩寬背厚，臉上有破相的痕跡。

◎凡破軍坐命的人，都有性情多疑，反覆不定，會記恨、敢愛敢恨，做事說話很大膽，幹勁十足，喜歡創業，不計後果等特徵。但成就多成敗不定。其人在穿著上也穿會有怪異打扮，例如穿破破爛爛嬉皮式的衣服，海盜裝、工人褲或不合場合、時宜的服裝。這和他們的性格有關係。

◎破軍坐命者，其命宮有文昌或文曲星同宮或在對宮相照會時，其人相貌會較文質氣派一點，穿著會講究一點，但會一生財運不濟，只求平順而已。

◎破軍坐命者，有文昌、文曲在福德宮中的人，容易成為同性戀者，且好逸惡勞，不從正業。其外表忸怩，喜著異性穿著，動作與形態都怪異。

## 祿存坐命的人

祿存星坐命的人，全部是瘦長型中等身材的人。有些是較矮小瘦弱的人。身材高度男性是一五八公分至一六八公分之間。女性的身高在一五三公分至一六五公分之間。

**身材特徵**：祿存坐命的人，身材瘦弱，骨節很明顯。臉型小、微白。常為小形圓型帶方的臉型。表情凝重，與人有距離感。有些祿存坐命的人，會有臉微麻，形態孤寒、冷漠的表情。這種人不是極其矮小，就是瘦高單薄形態的人。

祿存坐命的人，都有膽子小，對錢財吝嗇，表情木然，做事很肯吃苦耐勞，不合群的特徵。一般來說，他們也是話少很靜，不會有什麼意見的人。

◎命宮中有化忌、劫空沖照時，為『祿逢沖破』，就會有臉微麻，形態孤寒的外表，工作場所也多是勞苦階級，喪葬類的工作。

## 文昌坐命的人

文昌坐命的人，不論命宮的旺弱，都有中高的身材，男性的身高在一六五公分至一七八公分之間。女性的身高在一五八公分至一六五公分之間。

**身材特徵**：文昌在巳、酉、丑宮坐命的人，為中等瘦高的身材，臉型長方或略方圓，屬於長臉，外型儒雅，眉目清秀，舉止斯文。中年後會略胖，性格穩重而內斂，有些孤傲不群。

文昌坐命如命宮對宮或三合宮位沖照的煞星多(有三個以上)，則形態並不一定斯文，也可能是面目尚且清秀而舉止粗俗，心態險惡的人了。文昌居陷坐命的人亦然。

文昌在寅、午、戌宮居陷坐命的人，身材矮小瘦弱或矮胖，形相粗，臉上多雀斑或深色斑痕。此人多為有特殊技藝謀生之人，而且身體較差，帶病延年，慳吝不善。

文昌居旺坐命的人，多身體較精壯，文質彬彬，會在文化業界工作。

有文昌化忌在命宮的人，臉上有斑、痕、胎記。有文昌、擎羊在命宮的人，有兔唇、顎裂的狀況。

## 文曲坐命的人

文曲坐命的人，中等身材，其身材比文昌坐命的人略矮。男性的身高在一六〇公分至一六七公分之間。女性的身高在一五八公分至一六三公分之間。

**身材特徵**：文曲坐命的人，有中等略矮的身材，年青時較瘦，三十歲以後趨壯。臉型是小圓臉或小形略長的圓臉，臉上定有痣。面色青黃略白。相貌清秀伶俐，討人喜歡，不像文昌坐命的人那樣孤高不群。這是因為文曲坐命者桃花較重的關係。文曲坐命的人，算是空宮坐命的人，要看命宮對宮的星曜吉凶來斷此人一生的的吉凶與性格。文曲坐命巳、酉、丑宮雖為廟地。但文曲坐命巳宮時，對宮有廉貪居陷相照，若再有陀羅一同冲照，一生風流較淫亂，不會有什麼成就可言。

文曲坐命丑宮有武貪相照時，其人性格頑固，政事顛倒，為人有某種程度的糊塗。

文曲坐命酉宮有陽梁相照，或機巨相照的人較好，一生成就較高。但酉宮為桃花地，仍有風流成性的問題。章孝嚴是文曲坐命酉宮有機巨相照的命格。發生緋聞案就不稀奇了。

文曲坐命居旺的人，都有口才好，身體的律動感好，會演戲或跳舞，至少學起來也較快。而且異性緣較佳，容易落入情網等特徵。

## 左輔坐命的人

左輔坐命的人，有中高瘦型的身材，身高男性為一六五公分至一七五公分左右，女性身高為一五八公分至一六四公分左右。

**身材特徵**：左輔坐命的人，有中等高瘦的身型，面色為黃中帶白色。面貌性格敦厚溫和，臉型是圓長帶方型，下巴略方。氣質較斯文，但臉上偶有怯懦的表情。這主要是其人幼年家境不好，離宗庶出或由祖父母或褓母帶大，與父母分離，不能得到父母照顧使然。年紀愈大，其態度愈沈穩。

◎左輔坐命的人有四煞冲破的人，有傷殘現象，也會為家人遺棄，一生命運起伏也較多。

## 右弼坐命的人

右弼坐命的人，比左輔坐命的人身材矮一些。男性的身高為一五八公分至一六五公分左右，女性的身高一四八公分至一六五公分之間。

**身材特徵**：右弼坐命的人，臉型是小長圓型。擁有較矮瘦的身材，小巧玲瓏。臉上會有痣或雀斑。性格上很小心謹慎，做事很有智謀的樣子。右弼坐命的人，表面忠厚，桃花強，有異性緣，但內心剛強，自主性很強，喜歡護短及照顧自己人，很重感情。其人也是離宗庶出，或由他人帶大之人。

右弼坐命者，命宮中再有化科同宮的人，會因桃花事件而出名。影星胡茵夢即是右弼坐命而有天機、太陰化科相照命的人。

## 天魁、天鉞坐命的人

天魁、天鉞坐命的人，身材都是矮瘦的體型，男性的身高在一五八公分至一六八公分之間。女性的身高在一四八公分至一六二公分之間。

**身材特徵**：天魁、天鉞坐命的人，身材都為矮瘦型的人。在臉型和氣質上略有不同而已。但同樣屬於文質彬彬的人。

天魁坐命的人臉略長圓，地閣小(下巴短)，性格剛直，愛直話直說，為人較稍有陽剛之氣。

天鉞坐命的人，圓帶方的臉型較短，小臉，地閣小(下巴短)，兩腮較寬較討喜，心性慈緩，桃花重，異性緣較佳。

◎天魁、天鉞坐命的人，同樣屬於空宮坐命的人，要看命宮對宮主星的星曜為何，才能斷定性格的剛強快慢。有煞星多所沖照的影響，其人的心性有所不同。例如天鉞坐命有陀羅同宮或相照的人，雖面目清秀一點，但心性與運程上仍有剛強、身體多傷、外虛內狠等性格，運程也有蹉跎不能前進的影響。例如天魁坐命，有武貪相照的命格，其人性格剛直，會和武貪坐命的人一樣，具有頑固強勢的心性，同時也會對金錢及政治有暴發運。

## 擎羊坐命的人

擎羊座命的人，命宮在辰、戌、丑、未宮居廟者，其身材為中高體型。男性的身高在一六五公分至一七五公分之間，形體粗壯。命宮在子、午、卯、酉宮居陷者，身材不是瘦小猥瑣，就是瘦高而有傷殘、眇自、麻臉之狀。身高矮小的約在一四五公分至一六〇公分之間。瘦高的在一七五公分左右。

**身材特徵**：擎羊坐命在辰、戌、丑、未宮的人，體型粗壯厚實，較胖型，臉型亦是長圓型，面色較為白裡透紅色。有『羊』字型臉，下巴較長尖。表情剛毅果決，頭臉有傷痕。穩重而陰沉。性格剛暴，有報復心態。此命格的人較多從事法官、軍警、外科醫生、獸醫、監獄、法院執法人員等工作。

◎擎羊坐命在子、午、卯、酉宮時為居陷落之位。此為居四敗地之位，刑剋極重，其下多形態猥瑣、痳臉、眇目，有傷殘現象，或臉上疤痕明顯之人。若再加耗殺、火鈴等星者，孤寡下賤，盜賊偷竊之輩，且容易凶死橫夭，不得善終。

## 陀羅坐命的人

陀羅坐命的人，有中等略矮胖的身材。陀羅居廟時，其人胖胖壯壯的，身材很壯碩，較為胖大。陀羅居陷時，為矮瘦型的人。男性的身高在一六四公分至一七二公分左右。女性的身高在一四五公分至一六五公分左右。

**身材特徵**：陀羅單星坐命在辰、戌、丑、未宮的人，多為身材壯碩，較胖胖寬寬的人，臉型也是圓型較扁的臉型，面頰腮骨較寬，鼻樑塌陷，嘴唇厚，唇齒有傷，臉上、頭上有傷、破相。其人多與家人不和，必須離家外出發展。一生起起伏伏，進退不定，也飄蕩不安定。若從軍警職較有發展，做生意與文職無法耐久有成。

◎陀羅坐命亥宮，有廉貪相照的人，有酒色之疾，並為色情犯、強暴犯，因色犯刑。其人形態猥瑣下流，面目低俗。

陀羅居陷在寅、申、巳、亥宮坐命的亦然，無廉恥之心，陰險狠毒，面目低俗猥瑣，為強盜宵小之輩。

## 火星坐命的人

火星坐命的人，有中等的身材，身高男性在一六五公分至一七〇公分之間，女性的身高在一五四公分至一六五公分之間。

**身材特徵**：火星坐命的人，命宮在寅、午、戌宮居旺時，會有中等壯碩的身材，很有健康美，膚色是古銅色偏紅。頭髮也偏紅色，性格急躁不耐煩，做事的速度很快，講究效率而馬虎潦草。

命宮在申、子、辰宮居陷的人，較矮瘦，面上有麻面或雀斑、青春痘，多傷痕，面色較黑，頭髮枯黃，其人眼睛會露出冷血狠毒的目光，外虛內狠，一生多是非、下賤，且多災厄。

◎火星坐命的人，如坐命在丑宮雖為弱地，但對宮有武貪相照，照會貪狼而解火星之惡，形成雙重偏財運，其人也會性格剛直，成為武將之材。如坐命在巳、亥宮有廉貪相照者，因廉貪俱陷落，會更增其人性格狠毒、刑剋、是非、下賤之貌。

## 鈴星坐命的人

鈴星坐命的人，身材不高，多為中等略矮瘦之人。身高男性在一五五公分至一六七公分之間，女性身高在一四八公分至一六二公分之間。

**身材特徵**：鈴星坐命的人，有中等略矮瘦身型。臉面瘦型但腮骨較寬突出、露骨，面型有些怪異。且常有傷疤、麻臉、皮膚粗糙及青春痘痕的情況，身體上也可能有傷殘的狀況。但他們眼露精明，膽大妄為，性格孤僻，常會策劃一些別人不敢做的勾當，讓人訝異。

◎鈴星坐命在丑宮遇武貪相照，在酉宮遇紫貪相照，能解鈴星之惡，形成偏財運。鈴星坐巳、亥宮有廉貪相照、廉貪俱陷落，而無法解鈴星之惡。此命亦主刑剋、是非、下賤之貌。

## 地劫坐命的人

地劫坐命的人，身材矮，身高男性為一五五公分至一六五公分之間。女性身高在一四五公分至一六〇公分之間。

**身材特徵**：地劫坐命的人，為空宮坐命的人，要依其對宮相照的主星來斷性格乖僻的程度。其對宮有吉星居旺時，其身型為矮胖型，其命宮對宮為煞星時，其人枯瘦矮小。地劫坐命的人，有天庭不滿，地閣不足的相貌，除了臉頰較寬，面孔上額與下巴皆較小，成為『申』字型的臉型。

地劫坐命的人，一生多不順，常受外來的影響學壞，一生做事虛空不實在，飄泊勞碌，人緣不佳，性格孤僻、災厄較多。尤其命坐巳、亥宮有廉貪相照的人，多喜行邪僻，不行正道，惡行惡狀，自食其果。

地劫坐命在卯、酉宮，有紫貪相照的人，反而可因輔正『桃花犯主』的格局，其人成為正派之人。但其人仍喜歡東跑西跑，靜不下來，人緣還不錯，為薪水階級的命格。

## 天空坐命的人

天空坐命的人，其身材為中等略高，較瘦型的身型。男性的身高在一六五公分至一七五公分之間。女性的身高在一六〇公分至一六五公分之間。

**身材特徵**：天空坐命的人，身材瘦弱高眺，形態較文質。其命宮主星為吉星居旺時，其人神色較厚重一點。如命坐酉宮，有陽梁相照的人，有高道德、高智慧，為『萬里無雲』格。一生得人敬重。但命宮有『羊陀夾忌』的惡格時，有夭折之命運。凡天空坐命的人，都有面貌容易讓人記不清楚之現象。也會有氣質較清新脫俗，與眾不同的現象。

# 第三章

# 如何從臉上、身上的疤痕、痣，特異標記來判斷其人的命宮主星

疤痕、痣、胎記、麻臉、眇目、手足傷殘、一切特別的標記在人身上產生時，都是有因果的。因此在命格中也會留下足夠的證據來顯示它。

# 紫微算命講義

本書是法雲居士集多年論命之經驗，與對命理之體會所成就的一本書。本書本來是為研習命理的學生所作之講義，現今公開，供給一般對命理有興趣的朋友來應用參考。

本書內容豐富，把紫微星曜在每一個宮位，和所遇到的星曜相結合時所代表的特殊意義，都加以一一說明。星曜在每個位置所代表的吉度，亦有詳細分析，因此本書是迅速進入紫微命理世界的鑰匙。有了這本『紫微算命講義』，你算命的技巧，立刻就擁有深層的功力，是學命者不得不讀的一本書。

# 第三章　如何從臉上、身上的疤痕、痣、特異標記來判斷命宮主星

在人的一生中若能周全到老，身上、臉上沒有一點傷災疤痕的人，幾乎是很少，可能只佔人類的3%左右。如此特殊的一個比例，一定是受到完善的保護，這類人也算是特異的族群了。

既然傷災的情況這麼普遍，受傷的部位又有不同，而這些疤痕常常又會在人的身上留下特殊的標記，因此要以此疤痕來分析一個人的運程也不算難事了。

其他像痣、雀斑、胎記、兔唇、唇顎裂、無耳症、斜眼、羊白眼、牙齒破缺不整齊、肩腰歪斜、眼目有病、弱視或全瞎、耳聾或手足傷殘的人，也都會在紫微命盤上留下記錄，並且強烈的直接刺激剋害著命宮主星。

現在我們就以各類的特徵做一一的探就。

## 臉上有疤痕

臉上有疤痕的人，俗稱破相。表示人的相貌有了缺點傷口。通常有破相之相的人，人數眾多。有的人是因為幼時頑皮或者是大人不慎而造成的傷災。有的人則是因車禍或時運不濟而引起的傷災。這些傷災的種類很多，例如因鐵器、刀類所傷（包括車禍的傷災）。跌倒因石塊所傷，這些所犯的是金屬性的羊刃，屬於『真羊刃』。另一些會因火傷、燙傷所犯的羊刃，稱為『火羊刃』。

『真羊刃』多半發生於申、子、辰年，或申、子、辰月，亦或是申、子、辰日，更可能在申、子、辰時。

『火羊刃』多半發生於寅、午、戌年，或屬火性較重的年、月、日、時。即『丙、丁、巳、午、丑、未』的年、月、日、時。

## 臉上有疤痕的人，會因某些條件而形成

1. 命宮中有擎羊、陀羅星。例如紫微、擎羊雙星坐命的人。天相、擎羊雙星坐命的人。
2. 命宮的對宮有擎羊、陀羅相照的人。也就是其人的遷移宮中有羊陀二星的人，容易會有傷災、車禍所造成的血光之災而留下疤痕。
3. 命、財、官三方有擎羊、陀羅相照命宮的人，會有破相的徵兆。
4. 疾厄宮、福德宮有擎羊、陀羅、七殺、破軍、廉貞等星的人，會有開刀及因鐵器而造成的傷痕。
5. 命宮中有七殺、破軍、擎羊、陀羅、火星、鈴星的人，即為有煞星在命宮的人都有破相。臉上、頭上有傷疤的情況很明顯。
6. 命宮中有陀羅星或是有陀羅在對宮相照的人，臉上有細疤痕、牙齒有斷裂、受傷的跡象。

通常一般人縱使臉上有傷痕，其形狀都很小，或者某些人的傷疤可以淡化、或可隱藏起來。但臉上有大塊或大形條狀傷疤的人，多為煞星

坐命，再有煞星相照，形成『命逢四煞』的人，此命非但不吉，其面相形狀也極為險惡粗俗。另一種人或因職業的災害，或因車禍等意外而發生的災害而致頭臉部有大塊傷痕的人，則多半是有破軍星坐命宮，或是有煞星多個在『命、財、官、遷』等宮相照守，再有羊陀、火鈴、化忌相照，流年、流月再遇羊刃、四煞而形成的。

◎臉上有兔唇、口上有疤痕、先天性缺陷的人，其人在命宮裡或相照的對宮定有羊刃住守或命宮中有化忌和擎羊同宮糾纏。例如廉貞化忌、天相、擎羊坐命的人，有唇顎裂的現象，一生要經過多次開刀整形手術。例如新黨的趙少康先生唇上有疤痕（兔唇縫合的痕跡），即是其對宮有擎羊星相照的結果。

我也曾經多次看到巨門坐命的人、破軍坐命的人、七殺坐命的人，其命宮中有擎羊星或對宮有擎羊星相的人，較有兔唇縫合的現象。其中尤以破軍、擎羊坐命的人為最多。

## 如何由臉上的疤痕來看命宮主星

1. 如果臉型是圓帶方型的如『同』字臉，下巴略尖、皮膚黃黑、氣派穩重、態度忠厚老實、額角上或頭頂上有傷痕、小傷疤的人，是紫微、擎羊坐命的人。而天相、羊刃坐命的人，則同樣是忠厚老實、下巴尖，但缺少氣派沈穩的『貴』氣，而其臉色較白。其臉兩頰稍寬。臉上、額頭、下巴處會有小疤痕。天相居陷加擎羊居陷在卯、酉宮的人，臉上的疤痕比較大。

2. 若是有貪狼坐命宮，再有擎羊同宮的人，其臉型是瘦長圓形、下巴很尖。他們和擎羊獨坐命宮的人長相有些類似。也同樣是會在額頭、頭頂或身上有骨骼斷裂過的痕跡。但『貪狼、擎羊』坐命的人，外緣較好一點，面型稍為討喜一些。而擎羊獨坐命宮的人，比較陰沈、威武、煞氣重一些。

3. 命宮中有陀羅星的人，其人的臉頰都會較寬、臉大，而且在牙齒的部份有傷或缺口，或是牙齦曾摔斷裂過。其人額頭、下巴面頰也會有明顯的小疤痕。就像廉貪陀同坐命宮的人，就連腮骨也會較大，看起來像似大圓臉似的。其人外表好色卑賤，容易讓人看不起。

4. 命宮中有破軍星的人，無論是紫破、武破、廉破坐命的人，頭臉和身上都有無數的疤痕。也有多次的開刀經驗。有破軍在命宮的人，外表氣質粗曠，他們不怕痛，好動，對傷災一付無所謂的樣子。破軍是耗星、煞星，因此也造成身體上的破耗。很多破軍坐命的人，有牙齒不整齊，破破爛爛的，臉上也不平整、傷疤可見。身上的傷痕斑斑。破軍居旺坐命的人，他們多半是矮型、身體背厚肩寬的體型。只有廉破坐命的人，因破軍居陷位，其身材反而較瘦高。其人臉上也會有傷疤和癟子、不會很平滑。其膚色也較黑黃。有破軍坐命宮的人，其人都是寬臉型、嘴唇肥厚、嘴很大、眼睛很大、氣度豪爽強勢之人。

5. 命宮中有七殺星的，包括了紫殺、武殺、廉殺坐命的人，也容易臉上有傷疤。他們也是容易有開刀之虞的人，一生中受到鐵器傷害的機率很大，同樣會遇到車禍的機率也很大。尤其是有廉貞、擎羊在命宮對宮，或三合處形成相照格局的人，所遇到的車禍傷災很嚴重，可能危及生命。

因此我們在遇到有很大的眼睛的人，其人的眼睛很漂亮，瞳仁特別大，臉頰瘦型，骨象分明，看起來很有個性，態度沈穩，稍微有些不苟言，態度認真，具有『很酷』的表情，再依其臉型的長短可分出其命宮主星，例如面龐莊嚴、忠厚、方中帶圓、皮膚黃中帶青、較細緻的人是紫殺坐命的人。面龐較圓、較短、皮膚較粗糙、黃黑、體型精壯、腰背較厚是武殺坐命的人。他們在氣質上也較粗曠。廉殺坐命的人，膚色較青白，同樣是眼睛大、不多話、身材不高、喜歡兢兢業業的做事、職位不高、做事很辛苦，臉型顴骨較高的人。

## 臉上有瘤子、橫肉

臉上容易出現瘤子、橫肉的人，多半是因為生活中勞心勞力的事情太多，長期勞累的結果。

臉上容易出現瘤子的人，其形狀和麻臉是不同的，是一些小形的凹陷的小坑狀，或者是皮膚折疊形成的條狀小坑。通常臉上有瘤子的人都會形成臉部有橫肉出現的狀況。這會影響其人面相的善良感覺。而臉上有瘤子的人，也多半是運用心機較深、勞心太過的人。因此『滿臉橫肉』則是對粗鄙、奸詐的人之最佳形容詞了。現今許多政治人物，因為政局上的詭異而勞心勞力，很多政治人物都出現了臉上粗黑瘤子多，滿臉橫肉的狀況，如此不但會響其人的政治前途，與民心的趨向。實際上皮膚也會透露出肝部的健康狀況。因此此種現象也是影響到身體健康的狀況的。

臉上容易出現瘤子、橫肉的人，有廉貞坐命的人、七殺坐命的人、破軍坐命的人、巨門坐命的人、貪狼坐命的人、天梁居旺坐命的人、機梁坐命、同梁坐命的人、廉破坐命的人、紫破坐命的人、武殺坐命的人、廉貪坐命的人、擎羊坐命的人、陀羅坐命的人、火星坐命的人、鈴星坐命的人等等。

## 臉上有麻臉傷剋

臉上會有麻臉傷剋形象的人，給人的感覺多半是奸滑不仁、剛暴多是非、視親者為疏離，容易反臉成仇怨的無情之人。

臉上有麻臉形態的人，多半不離有廉貞坐命，及命宮裡有羊、陀同宮或相照的人，以及七殺、破軍等星和多個煞星同坐命的人，以及羊、陀、火、鈴居陷位坐命的人。

紫殺或武殺坐命，命宮裡又有擎羊星或陀羅星來相照，更可能羊陀、火鈴、四煞俱全的在三合處照守的人。武破坐命的人，或廉破坐命的人，其命宮與命宮三合都會有羊、陀、火、鈴駐守照合，會形成麻臉傷剋的狀況。

此外廉貞單星坐命的人、太陽坐命的人、貪狼坐命的人、巨門坐命的人，這些強勢星曜坐命者，其命宮及其對宮及命宮三合處有羊陀、火鈴，三顆星以上來照會的人，也容易有臉上麻臉傷剋之相。主要是其人的性情也會受到煞星的驅使，而有奸詐的惡質面貌了。

## 臉上有痣及胎記

1. 臉上多痣及雀斑的人，首推巨門坐命的人。就像陽巨坐命的人、機巨坐命的人以及同巨坐命的人，臉上都會多雀斑會有大痣明顯的特徵。

2. 其次是火星居陷坐命的人，臉上的斑痕很清楚。命宮中有鈴星居陷的人，整張臉長滿青春痘、爛爛的、紅紅的。

3. 再其次是命宮對宮或三合處有火星、鈴星出現的人，都會有雀斑、青春痘泛濫在臉上的煩惱。尤以火、鈴在命宮對宮直沖為最厲害。也就是說命宮有火、鈴星及其對宮有火、鈴星。亦或是『命、財、官』三合處有火、鈴星的人都可能會有雀斑、青春痘較多的困擾。例如天梁坐命巳、亥宮的人，其人財、官二位有火星時，也會臉上有雀斑、小痣很多的狀況。

4. 巨門與火星同坐命宮的人，胎上有明顯的胎記。我曾看到一位來相命的先生，即是巨門、火星同坐命亥宮，青色的胎記滿佈左邊的半邊臉，很是奇異，可算是陰陽臉了。更奇怪的是此人命犯桃花，依然得到好幾位女性同時追求，頻惹桃花是非。

**因此要從臉上的痣及雀斑或胎記來看人的命宮非常簡單。只有三個原則。**

1. 面色較白、臉上多痣或雀斑的人，嘴型又很大、臉型是長方圓型大臉的人，肯定是巨門在命宮的人，再依次去細分到底是巨門單星坐命，還是陽巨、機巨、同巨坐命的人。比較高、女子也至少有一六五公分以上，男子有一八〇左右身高的人，臉上表情較冷峻，不太好親近的人，是機巨坐命的人。若有麻臉狀況，則是天機化忌、巨門坐命宮的人。中等或矮身材，臉型較寬，態度蠻不在乎，罵兩句無所謂的人，是陽巨坐命的人。外表溫和懶洋洋、身材中等，愛表現聰明，喜歡佔小便宜，愛玩、工作做不長，喜歡做臨時工作的人，是同巨坐命的人。

2. 面型為較小的圓方型，臉色偏紅或粉紅色的，臉上再多有痣或雀斑的人，此種特徵是命宮或相照命宮的星曜有火星存在的命格。也就是說此人的『命、財、官』中有火星存在。

3. 面型長方圓或長方型、大嘴、嘴唇皮薄、面色黃中帶白，而臉上有明顯大痣或胎記的人，肯定是命宮中有巨門、火星同坐命宮的人。若命宮中尚有擎羊同宮或相照的人，其人的下巴較尖，外型上也有鬱悶的現象，常有自殺傾向。

# 第四章

# 從五行格局看紫微命格的面相法

紫微命格與陰陽五行是互為表裡的關係，由紫微命格的坐星性質，自然可找出五行的屬性。

## 紫微星曜專論

此書為法雲居士重要著作之一，主要論述紫微斗數中的科學觀點，在大宇宙中，天文科學中的星和紫微斗數中的星曜實則只是中西名稱不一樣，全數皆為真實存在的事實。

在紫微命理中的星曜，各自代表不同的意義，在不同的宮位也有不同的意義，旺弱不同也有不同的意義。在此書中讀者可從法雲居士清晰的規劃與解釋中對每一顆紫微斗數中的星曜有清楚確切的瞭解，因此而能對命理有更深一層的認識和判斷。

此書為法雲居士教授紫微斗數之講義資料，更可為誓願學習紫微命理者之最佳教科書。

# 第四章　從五行格局看紫微命格的面相法

陰陽五行的學說，自古以來就是中國面相學中很重要的部份。

五行即是金、木、水、火、土。五行不但代表了天地之間的一切自然現象，其生剋的規律性相互變化，也影響了人類生命在延續進展中、生活中，以及一生的運程中形成不同的面貌。因此在命相學裡，我們會把人從外型或是和內在的氣質相加起來的形象，分類成**金形人**、**木形人**、**水形人**、**火形人**、**土形人**等五類形的人。這是以形貌來分的。

例如：紫微坐命的人，形象敦厚、體形中矮、膚色較暗黃土色，具有厚重土型的色彩，即為『**土形人**』。而武曲坐命的人，形小聲高，性格固執剛強，膚色略白透青，具有金屬剛硬的色彩，即屬『**金形人**』。

# 第一節　五行生剋、順合、逆合的關係

五行相互之間的關係，有相生、相剋。此關係在五行學說中稱之為『合』。

## 順合、逆合

『合』有『順合』、『逆合』之分。如木生火、水生木、金生水、火生土、土生金，稱之為『順合』。

『逆合』則是指金對木、金對火之間的關係。水對火、水對土之間的關係。木對金、木對土之間的關係。火對水、火對金之間的關係。土對木、土對水之間的關係而言。這種關係是既有相剋，又有反剋的關係。比方說金與火是不相容的，火會剋金，金會被火熔化。但有時金也能滅火（大塊的金），而形成反剋。此時我們稱為『金侮火』或是『金仇火』。這種現象就是『逆合』。

## 順合現象

在人的形貌上，不但會出現『順合現象』。也會產生『逆合現象』。『順合現象』多半是很自然溫和、穩重、慈善的相貌。並且在其人外形上會形成特屬五行的特質。例如外型屬木的人，長相較瘦高、聰明、木訥、溫和。外型屬金的人，外型明亮、聲音宏亮、性格堅硬等外相。其人一生的運程也在一定的軌跡上運行，是屬於做事按部就班，一個層次、一個層次往人爬，中規中矩的人生運程。

## 逆合現象

而具有『逆合現象』的人，在形貌上就會有特殊並稍具怪異現象產生了。這是屬於一種性格本來應是溫和、柔順的面貌，但卻變為較為剛強、衝動、極端頑固。或有殺氣或刑剋較重的相貌。這種相貌常是外表太過於溫和懦弱而內心剛強，更會流於裡外都是強硬作風的人。

所謂有『逆合』現象的相貌者，例如金形的人，帶有火形人的氣質與形貌。或是火形人帶有金形人的形貌而言。

在曾國藩所著之相人著作『冰鑑』中也有談到此種現象。『然所謂逆合者，金形帶火則然，火形帶金，則三十死矣；水形帶土則然，土形帶水，則孤寒老矣；木形帶金則然，金形帶木，則刀劍隨身矣。』

在曾國藩的觀察裡，有『逆合』現象的人，金形人帶有火相、主貴，火形人帶有金相主煞重。水形人帶土相主富貴。土形人帶水相則下賤孤貧。木形人帶金相主貴，而金形人帶木相，則有刀劍之災了。

上述的理論在紫微命理中也能得到完美的答案。在產生『逆合』現象的人中，金形人帶有火相的人，如武曲坐命的人，對宮有火貪相照，是擁有極大暴發運的人，不但主貴，也主富。最適合從軍警職或名商，即能富貴齊高。而火形人帶有金相的人，例如廉殺坐命的人，對宮有擎羊星來照會，剋煞重，有災禍而不長壽了。

又例如水形人帶有土形之相為主貴之相。如破軍坐命辰宮，對宮有紫相相照的人，能主貴。而土形人帶有水形之相，則如天梁坐命巳、亥宮，有天同相照之人，或是同梁坐命的人，容易有財運不濟之況。

木形人帶有金形之相的人，例如武貪坐命的人，身材壯碩、中等略高，從武職能貴顯。或是貪狼坐命的辰、戌宮的人，對宮有武曲相照，亦有暴發運，能主貴。金形人帶有木形之相的人，如陀羅坐命，有廉貪相照的人，或是武曲坐命的人較瘦、較高，必定有化忌、擎羊在命宮。這些命格就容易有鐵器傷災（發生車禍亦算是）之禍了。

## 第二節　五行形相的特徵

### 金形人

**外貌：** 面型及手足形狀較圓方，較小，較正，骨肉堅實，背厚，身方。身材中等略矮型。常有俊俏、明艷、外向、開朗外貌。

**膚色：** 較白皙、帶青色。

**聲音：** 圓潤、清亮。

**性格：** 剛毅、穩重、思慮較多、謹慎、機智、行事果決、斬釘截鐵。

**命宮屬性：** 武曲坐命的人、七殺坐命的人、擎羊坐命的人、武殺坐命的人、陀羅坐命的人、文昌坐命的人。

**入格條件：** 金形人一定要高矮適中合於坐命星的屬性，形貌端正，不能太矮、太瘦高或面貌五官擁擠不舒展，也不能眉壓眼，形容憂戚。身體的頭、胸、腹、手足的比例要均稱，就會帶財。

此為合局，是為上相。

## 木形人

**外貌：**木形人是挺直瘦長、骨節略為突出。面型長臉、眉清目秀、額頭高、手足較修長、儀態穩重木訥的人。

**膚色：**黃白中帶青色。

**聲音：**緩急適中、平和而宏亮。

**性格：**性寬仁、內斂、穩重、但遇事不周密，意志常不夠堅決。機智雖佳、勤勞謹慎，但耐心不足。

**命宮屬性：**貪狼坐命的人、天機坐命的人。

**入格條件：**木形人一定要身材、手足皆修長秀氣。眉目臉型也要端正、額高、下頦適中。而且要瘦而挺拔壯碩為上品，太過於瘦弱或四肢部份太軟弱像要折斷了似的，以及背部太扁都不行，腰部、肩部也不可傾斜。木型人主『文』，因此木型人溫和、文質氣質的外貌才算入格。

## 水形人

**外貌：**水形人是身體渾圓肥胖，骨小而肉多的人，其人的臉型較圓，身材腰粗、肩背厚，眼睛大，眉寬粗。

**膚色：**黃中帶暗黑色。

**聲音：**說話快慢不定，音直而無起伏。

**性格：**快樂豪爽，喜歡享福，重感情，愛想像，情緒起伏很大，是重情不重理的人，聰明機智，外柔內剛。

**命宮屬性：**天同坐命的人、太陰坐命的人、巨門坐命的人、天相坐命的人、破軍坐命的人、文曲坐命的人、右弼坐命的人、同陰坐命的人、同巨坐命的人。

**入格條件：**水形人一定要肥胖圓滿，不可露骨形粗，最忌諱肉多而臃腫不堪、行動緩慢。必須胖而靈活，手足的比例也要均稱，不可太短，痴肥愚鈍都不是上品。水型人要『清』，相貌清秀脫俗的人才算入格。若帶土氣，面貌粗俗，則失格不富。

## 火形人

**外貌：**火形人的面貌是上尖下闊，額頭窄、下頦處寬，鼻子高挺，但略會上露鼻孔，頭髮黃枯而且少，性情急躁不穩定。其人身材中等，體型較壯，肩背較厚。

**膚色：**為古銅色或黝黑發紅色。

**聲音：**急促、速度快、音量大。音色粗低或高昂，起伏很大。

**性格：**性格剛毅、激烈、行動快速，高興的時候很快樂，生氣的時候很激昂，較不會隱藏自己的感情。做事很直接，不會拐彎抹角。

**命宮屬性：**最能顯露火形人面貌特徵的是火星坐命的人、鈴星坐命的人。其次是太陽坐命的人、廉貞坐命的人、天魁、天鉞坐命的人、地劫、天空坐命的人也都屬火形人，但面貌上，其額頭並不一定窄，情況稍有不同。

**入格條件：**火形人一定要上尖、下圓，膚色發紅、舉止速度感快、身材中等壯實，才為入相。火形人都有暴發運格，因此『入相』的人，會有奇遇。不可瘦弱乾扁，有氣無力，否則為失格，亦為貧窮困頓之相。

## 土形人

**外貌：**土形人的相貌是體型橫向發展，敦厚壯碩、肩背寬厚、頭圓脖子短，感覺上骨肉都很重的人，其人的五官也較寬闊肥大一些。

**膚色：**土黃色。

**聲音：**低沈渾厚、音質悠長。

**性格：**土形人的氣度穩重、行動遲緩、儀態安詳、深沈而睿智、外表冷漠、感情內斂、不喜歡表現出來。對人很講信用、對錢財較重視，為人尚稱寬宏。

**命宮屬性：**紫微坐命的人、天府坐命的人、天梁坐命的人、祿存坐命的人、左輔坐命的人、紫府坐命的人。

**入格條件：**土形人一定要厚重踏實、氣度練達、身體均稱。不可骨太重而體肉太少，骨節嶙峋、也不可五官太過於削薄尖銳，否則不算入相。亦無財福。

其他尚有許多紫微命格格局的人，屬於混合型態的族群，在下節中一一列舉說明

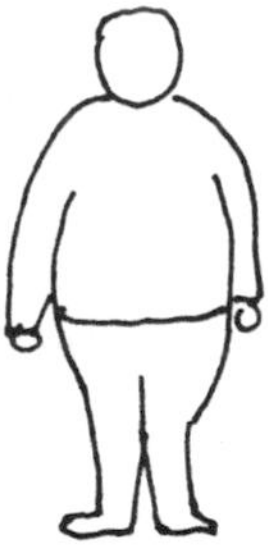
水形人

木形人

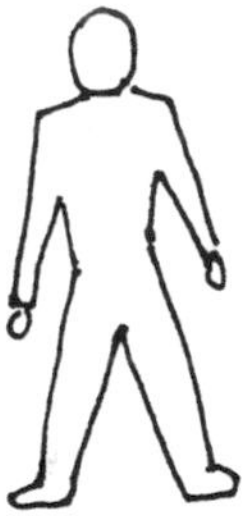
金形人

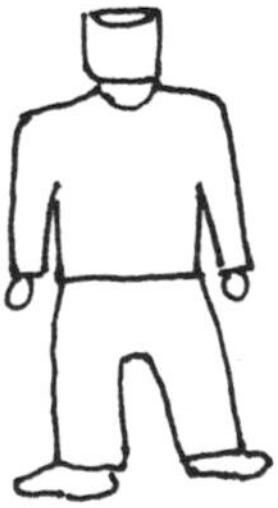
土形人

火形人

## 第三節　順合及逆合形局的組成與成就

**有『順合』形局的人**

**金水相生：**武相坐命的人、武破坐命的人。

**水木相生：**機陰坐命的人、機巨坐命的人。

**木火相生：**廉貪坐命的人。

**火土相生：**陽梁坐命的人、廉府坐命的人。

**土金相生：**紫殺坐命的人、武府坐命的人。

**有『逆合』形局的人**

**金木相仇：**武貪坐命的人。

**水土相仇：**同梁坐命的人。

**土木相仇：**機梁坐命的人。

**火水相仇：**廉破坐命的人、陽巨坐命的人、日月坐命的人、廉相坐命的人。

**火金相仇：**廉殺坐命的人。

**土木相仇：**紫貪坐命的人。

**土水相仇：**紫破坐命的人、紫相坐命的人。

## 順合者多富

在命理學中，陰陽五行家認為『順合者多富，即貴亦在浮沈之間。而逆合者，其貴非常。』

在命理上，命宮主星為『順合』者，一生較平安、富裕，大起大落的機會少，注重生活上的享受。因此認為他們是注重富裕安享的生活，在事業與人生的歷練上努力的程度較嫌不夠。

## 逆合者其貴非常

而命宮主星為『逆合』者，因性格上有些衝突，比較喜歡多思多慮。

在人生運程上也會具有某些衝突點，不能算得上平穩，比較會大起大落。而且因為運程與個性相衝突的關係，其人較會努力衝破無數的禁忌而奮往直前，故而事業上可以得到大的發展，主貴的機會是很多的。因此在命宮主星具有『逆合』狀況的人，是很可能達到『極貴』地位的人了。

## 星曜五行屬性

| 星名 | 屬性 |
|---|---|
| 紫微 | 己土 |
| 天機 | 乙木 |
| 太陽 | 丙火 |
| 武曲 | 辛金 |
| 天同 | 陽水 |
| 廉貞 | 陰火 |
| 天府 | 戊土 |
| 太陰 | 癸水 |
| 貪狼 | 陽木 |
| 巨門 | 陰水 |
| 天相 | 壬水 |
| 天梁 | 戊土 |
| 七殺 | 庚金 |

| 星名 | 屬性 |
|---|---|
| 破軍 | 癸水 |
| 祿存 | 己土 |
| 文昌 | 辛金 |
| 文曲 | 癸水 |
| 天魁 | 丙火 |
| 天鉞 | 丁火 |
| 左輔 | 戊土 |
| 右弼 | 癸水 |
| 擎羊 | 庚金 |
| 陀羅 | 辛金 |
| 火星 | 丙火 |
| 鈴星 | 丁火 |
| 地劫 | 丙火 |
| 天空 | 丙火 |

# 第五章

# 從陰陽五行看剛柔並濟之相格

陰陽五行關乎人性格的剛性與柔性，剛柔並濟，屬於內奸者，『內奸者功名可期。』可做大官、大事業。

# 第五章　從陰陽五行看剛柔並濟之相格

陰陽五行不但在人相學裡，控制著人外在的形象，實則也影響人『內在精神層面』的東西，這就是人天生的稟賦和氣質了。所謂的內在精神層面，也就是控制人的思想、行為、言語、動作，形成『形於外的性格、作為』。

我們常說人有陽剛之氣，或有陰柔之氣質。其實此種形容詞句，即是我們對其人整個的印象，做一個解讀的動作。古人對人的剛柔印象，是以『喜怒、跳伏、深淺』來論的。此意就是說是以表達喜怒哀樂的表情、情緒起伏的快慢、內心思慮的多寡來論定的。而以這些形態來分，可分成六種人。

## 剛柔並濟論相格

1. 普通一般人，有陽剛之氣的人，喜怒形於外表，高興時很快樂，生氣時很激昂，但氣得快，忘得也快的人，其形狀是近乎『粗』人的氣息。此種人很容易做事半途而廢的，就像武破坐命的人及武殺坐命的人。

2. 而另外一種人是屬於陽陰之氣過盛的人，情緒始終很平靜，沒有波動。與別人生氣時，也不會激昂輒怒，怎麼也氣不起來的人，這種人其外表與內在就近乎『蠢』人的形態了，例如天同坐命的人。

3. 而粗蠢各一半，具有剛柔兩性的人，剛的時候剛，柔的時候柔。此人的壽命會較長。主要是因為有怒時全部傾出，心情怡泰時又很好享福之故，例如同陰坐命的人。

4. 有一種人，是剛中有柔，柔中有剛的一種人。在遇到事情時，表面上好像並不怎麼用腦子，但慢慢靜下來時便會思考。細細思量，又會想得比較周密、完整。而且會做深入的觀察。這種人在相學上稱之為近乎『奸』的形態。例如天梁坐命、機梁坐命的人。

5. 另有一種人是剛柔並濟的人，別人剛的時候，他能以柔克之。別人柔的時候，他能以剛前進。這種人能進能退，能獲得自己想望的一切名利、結果。此種人必然是能成就一些功業和大名聲的人。因此古人論相時所說：『內奸者功名可期』就是這個道理了。但是這種人常會因名利而心情鬱悶，而造成其功業有進退維谷之憂，例如廉貞坐命的人、廉府坐命的人。

6. 有剛柔並濟之優點，內外俱奸之思慮，而能心胸開闊，舉止寬仁的人，做起事來能從大處著眼、小處著手，這種人一定能在事業上有一番作為，就不是前者所能比擬的了，例如陽梁坐命卯宮的人、紫府坐命的人即是。

7. 通常命宮中有居旺的擎羊星或有擎羊相照命宮的人，會具有愛用心機、多思慮的性格，同時也是足智多謀的人，就是屬於這種『內奸者功名可期』的人類。例如前大陸領導鄧小平是武殺、擎羊在卯宮坐命的人，又例如蔣宋美齡女士是武貪坐命、有擎羊在遷移宮相照的人。歷史上，這類命格的人比比皆是。

# 第六章 面相十二宮與紫微十二宮相互關係

面相十二宮與紫微十二宮，其理是相通的。面相上部位有問題的人，同樣在紫微命盤宮位裡也會有煞星侵入，而無法圓滿。

# 好運隨你飆

每一個人都希望事業能掌握好運而功成名就
你知道如何能得到『貴人運』、『交友運』、
『暴發運』、『金錢運』、『事業運』、
『偏財運』、『桃花運』嗎？
一切的好運其實只在於一個『時間』的問題
能掌握命運中的『旺運時間』
就能掌握一切的好運，要風得風，要雨得雨
好運隨你飆——便一點也不是難事了！
『好運隨你飆』——
是法雲居士繼『如何掌握旺運過一生』一書後，
再次向你解盤運氣掌握的重點，
讓你更準確的掌握命運！

# 第六章　面相十二宮與紫微十二宮相互關係

紫微命理中有十二宮，分別是一、命宮。二、兄弟宮。三、夫妻宮。四、子女宮。五、財帛宮。六、疾厄宮。七、遷移宮。八、僕役宮。九、官祿宮。十、田宅宮。十一、福德宮。十二、父母宮。而在我們的面相上亦有此十二宮。但名稱、次序稍有不同，而是一、命宮。二、財帛宮。三、兄弟宮。四、田宅宮。五、男女宮。六、奴僕宮。七、妻妾宮。八、疾厄宮。九、遷移宮。十、官祿宮。十一、福德宮。十二、相貌宮。

## 第一節　面相十二宮

1. **命　宮**：在兩眉之間，山根（兩眼之間，鼻之上端較低陷的部份）之上，又稱『印堂』、『紫氣』之地，必須平廣、圓潤如珠，沒有直紋、顏色清明、主貴。

2. **財帛宮**：面相中的財帛宮在鼻上、稱『土星』。必須鼻樑端正、挺拔，鼻準（鼻頭）圓厚豐隆，鼻孔不能上掀露出。鼻樑歪斜，鼻頭太尖，如鷹嘴者，是貧寒，老年孤獨之相。鼻頭過大者或酒糟鼻、紅腫者，土氣過重或帶火，亦不為『上相』。

3. **兄弟宮**：面相上的兄弟宮位在雙眉。左眉稱『羅睺』、右眉稱『計都』。亦為保壽官。雙眉必須濃黑有光彩，長過眼睛，直入鬢際為佳，有豐衣足食之相。或者眉如新月，會有超級的聰明。最怕眉壓眼、眉逆生、眉頭相交、眉中有缺、眉薄若無。如此會與兄弟不和、妨兄弟、骨肉子息。也容易惡死。

4. **田宅宮**：面相上的田宅宮位居雙眼。右眼亦稱太陽星，左眼亦稱太陰星。眼部亦稱『官學堂』，此處不但是看家業財產的地方，同時也是看功名利祿的地方。眼長而深目光潤的人，主大貴。睛黑似漆的人，聰明而有文章之美，而食萬鍾之祿，終身產業豐厚。眼處最怕有紅絲侵入，年青的時候有此現象，會破敗家園。到老時還有赤脈侵睛的人，貧困無糧。雙眼若似枯乾，是田園不保的現象。紅眼睛、黑眼圈的人，容易家財散盡。

5. **男女宮**：此即子女宮。在面相中位於兩眼之下，又稱為『淚堂』的地方。在眼睛下面即下眼皮的地方必須光潤平滑。若此處浮腫如臥蠶的人，會沒有子嗣。淚堂深陷的人，與子女無緣。有黑痣或斜紋的人，與兒孫相剋不睦。

6. **奴僕宮**：此即僕役宮。在面相中位於地閣（下巴）之位。此處必須豐腴圓滿，不能太長，不能太短太窄。圓滿的人，會有一呼百諾，成群結隊的為自己所用之人。口部如『四』字的人，更能有驅動群眾的掌權之位。地閣（下巴）處歪斜、尖瘦的人，容易得到別人的恩惠反而恩將仇報。下巴處陷落或多紋路的人，奴僕宮不好，無法有助益。下巴太短，無法講威嚴、承諾。

7. **妻妾宮**：此即夫妻宮，在面相中位於眼睛和耳朵中間，太陽穴之下的這個地方。在面相上屬於『奸門』。此處豐隆平滿的人，可以有妻財。倘若顴骨相連至眼尾，而此處隆起的人，會因妻子而得財祿。此處深陷的人，會常做新郎、新娘，有多次婚姻。魚尾紋很多的人，要防配偶惡死。此處有黑痣或斜紋的人，面貌好而好色。

8. **疾厄宮**：疾厄宮在印堂之下，位於『山根』之地。也就是兩眼之間的鼻樑骨的地方。倘若此處與額頭相連處，豐滿、起伏有緻，會有文章之貴、福祿無窮，而且幼時生活較富裕幸福。此處若有紋路、傷痕或低陷的人，容易有陳年宿疾。若此處顏色枯黃、骨露或歪斜，會終身辛苦。此處若有顏色暗淡發青會有災厄纏身。

9. **遷移宮**：位在眉毛尾端的太陽穴的位置。在相學中號稱『天倉』的地方。此處豐隆美滿者，一生在外平順。此處低陷的人，到老時，居無定所。眉毛與此處相連的人，會破祖離家。

10. **官祿宮**：官祿宮位於額頭的正中央。在相學中稱為『天庭、中正』之處，若有光瑩潔淨的額頭的人，會有聰明而顯達的前程，官榮而貴久。此處要與鼻樑骨相連處一起看才會準。如有額角堂堂明朗的狀況，即使犯了官司，也會有貴人解救。若此處有傷痕凹陷、多疤、多痣、不清爽或破敗之象的人，常遭橫禍。若再加上紅眼睛，會判死刑。

11. **福德宮**：福德宮位於額頭上，在相學中稱為『天倉』的地方。此處會牽連地閣（下巴）。倘若額頭與下頦處相對應的完美，則其人德行與福壽俱全。若下頦（腮骨與下巴）處圓滿而額頭窄小的人，會在少年時很辛苦。額頭寬闊，下頦處尖的人，晚景不好。尤其是再加上眉壓眼，耳朵招風的人，是沒有福德可言的人。

12 **相貌宮**：此即為父母宮。父母宮在日月角（眉頭上一指處）。此處須要明淨高圓，則父母會長壽且與父母有緣。若此處低陷，會幼年便失雙親。此處暗青色，父母有疾病、憂愁。日月角兩角入頂，父母有名聲，可受祖蔭。若額頭削薄、短小，雙眉相交，是為有『隔角煞』，是反臉無情的人，其人的父母也早已不存在了。

## 十二宮總訣

印堂為命宮。鼻為財帛宮。眉為兄弟宮。眼為田宅宮。淚堂男女宮。地閣奴僕宮。奸門妻妾宮。山根疾厄宮。

天倉遷移宮。中正官祿宮。倉庫福德宮。二角父母宮。

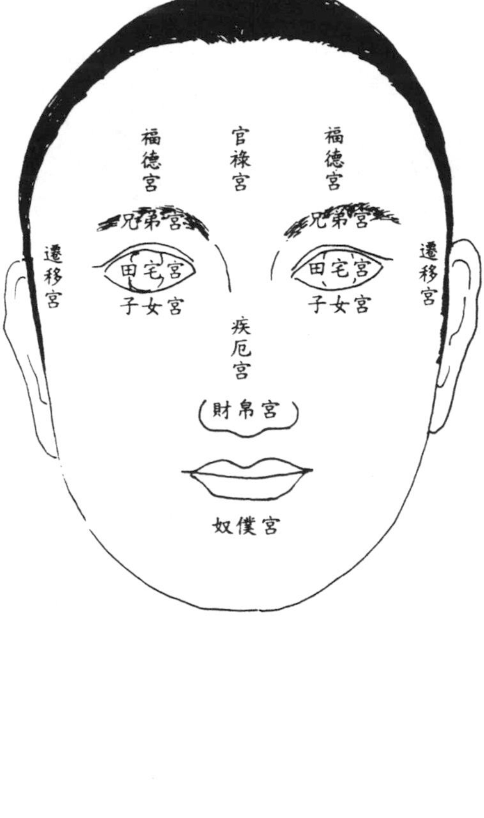

## 第二節　紫微命理十二宮與面相十二宮相互對應之關係

### 1. 命　宮：

在面相上之命宮處圓滿的人，在紫微命宮裡也同樣會是主星為吉星居旺的格式。若此處為凹窪低陷，在紫微命宮裡也同樣有剋煞凶險。例如太陽居旺坐命的人，和武府坐命的人，都會有很平整的面相命宮，而且山根處也不會低落。而太陽居陷在子宮、亥宮的人，則在面相中的命宮處會有一些缺陷存在，不是面相命宮處有直紋或是山根低陷，造成在幼年時辛苦或一生命運中有些波折。而廉破坐命、同梁坐命的人，天梁坐命巳、亥宮的人也容易在面相命宮處有紋路，及山根低落或鼻型不佳的情況，影響一生的際遇。

## 2. 兄弟宮：

在面相中之兄弟宮是看雙眉。在紫微命相裡兄弟宮吉善的人，其眉型也會清秀美麗。例如太陰坐命卯、酉宮的人，其人的眉型整齊清秀如彎月型。其兄弟宮的為紫府，能得到兄弟姐妹的濃情厚誼，且更能得到兄弟姐妹的金錢資助。其兄弟姐妹都是有身份地位、資財豐厚的人。

其他如武殺坐命的人，其眉型寬闊粗曠，兄弟宮是同梁，只要沒有羊陀、火鈴入侵的人，其人的眉型則不會有逆生、旋毛的狀況的。因此兄弟間的情誼很友善而能相互扶持的。

至於那些兄弟宮不好的，不能相互扶持、和樂相處的人，其兄弟宮中定有煞星存在，這些煞星不但是羊、陀、火、鈴，而且還包括了巨門星、七殺星、破軍星、貪狼星、廉貞星等星曜。而最重要的是兄弟宮不好的人，眉型也極差。不是逆毛而生或有旋毛糾結，要不然便是眉毛中間有斷缺的狀況，或如雜草叢生，或是眉毛清淺淡薄，像是無眉的狀況，都是不利兄弟姐妹情誼的相貌。因此每當有人受傷、傷及眉毛時，也就同時要注意兄弟姐妹之間的感情變化了。

也因此若要改善兄弟姐妹感情的人，實應先從修整自己的眉毛著手，注意把斷眉用眉筆連接起來，修剪雜毛或逆生、旋結的眉毛，常用小梳子梳整齊，常常注意眉毛的形狀，再加上與兄弟姐妹親善友好的互動，經過一段時間，兄弟姐妹的手足之情，自然可以改善，也可以得到兄弟姐妹的幫助了。

眉部不只是有關兄弟姐妹的感情。眉部在人的面相上更佔有舉足輕重的地位。眉型秀氣的人，和眼部秀氣的人，可以造就良好的前程，同時也是『取貴』的重要關鍵，升官、發財不是難事。

## 3. 夫妻宮：

在面相中之夫妻宮，主要是指位於眼睛和耳朵中間這個稱做『奸門』的地方。人的面骨是一氣呵成的，通常擁有秀美的眼睛、眉型的人，在這面相上的夫妻宮位處也會長得豐滿圓潤，而此處較窄或深陷的人，臉型也會較窄或被毛髮侵入形成髮際很靠近眼尾處。要不然就是有突出的顴骨相連至妻妾宮之位，會因性格太剛強而傷害夫妻感情，而產生多次婚姻。例如紫破坐命的人，在面相上的『奸門』處常有低陷，發青紫狀況，其紫微命盤中的夫妻宮為空宮有廉貪相照的格式，配偶運不佳。

另外像天梁坐命的人，常在『奸門』處有小痣、斑痕、斜紋。夫妻間的是非口舌多，婚姻運起起伏伏不算順暢。在紫微命理中，天梁坐命的人的夫妻宮是巨門星，而巨門在面相上就會具有這些痣與斑點、紋路的特徵，因此得以應驗。天梁坐命的人，儘量不要找巨門坐命的人為配偶，要找臉上清朗無痕、無痣、無胎記、疤痕的人做配偶就不會婚姻不美滿了。

## 4. 子女宮：

在面相上的子女宮，位於兩眼之下，稱為『淚堂』的地方。這也是我們俗稱下眼皮的地方。通常人至四、五十歲，都會有眼袋出現，在面相學稱此現象為『臥蠶』。而『臥蠶』出現時，大多數的人都已到了絕育的年齡了，因此說眼下有『臥蠶』的人沒有子嗣，這是自然的現象。

而『淚堂』深陷或發青黑色的人，與子女無緣。從生理學的觀點上來看，精力虛耗過度的人，生殖能力差，眼下會出現眼袋與青黑色，當然無法孕育子女了。

在紫微斗數中掌管生育能力和子女數目的就是子女宮與田宅宮了。這兩個宮都有吉星存在的人，是性生活美滿、家庭生活也幸福的人。若此兩宮中有一個宮中有煞星存在的話，都是不算美滿的人。

例如同梁坐命的人，性格雖溫和，但通常比較好色。其子女宮為廉貪。生活比較靡爛，夫妻間的感情是非多，爭吵也多。田宅宮又是空宮，為廉貪相照。我們可以知道，無論這個人再多麼努力，家庭問題還是一團糟的。而同梁坐命的人，在下眼皮的地方也常有暗青、黑眼圈、眼袋的情況出現。

## 5. 財帛宮：

在面相學中財帛宮在鼻準處（鼻頭）。鼻相好的人，鼻樑骨挺直高聳秀麗。在紫微相學裡，紫貪坐命的人、同陰坐命的人、機陰坐命的人、機梁坐命的人，陽梁坐命的人、機陰坐命的人、陽梁坐命的人、機巨坐命的人，會有美麗的鼻子。但是某些人會有鼻樑骨較低、幼年不太順利。有些人會有鷹勾鼻，相學上稱『鷹嘴尖峰』，會有破財，老年貧寒之相。其中以機梁坐命的人為具有鷹勾鼻的人為最多。倘若其人的財帛宮之四方三合處多羊、陀、火、鈴等煞星的人，錢財守不住，在面貌上也會有鼻孔外露的現象。在六十二歲以後走到弱運時，正印證了年老孤苦無依貧寒之相了。有的人，甚至在中年時便開始起起伏伏，有財運不順的狀況，老年亦無好運。

廉破坐命、武破坐命的人，有很多鼻準處寬、形狀不夠清秀、山根低，鼻孔外露、朝天的人。其人一生辛苦勞碌、存不住錢財、破耗多，甚至會為錢財拼命，為錢想不開，金錢運始終不順利。幼年時期辛苦，與父母緣薄，得不到很好的照顧等現象。

## 6. 疾厄宮：

在紫微斗數中稱為疾厄宮的地方，在面相上則在鼻樑山根至年上、壽上的位置，屬於鼻部中部的位置。此處豐隆平順的人，沒有病災。倘若深陷，幼年坎坷不吉，多疾病。有傷痕、紋路、痣、及斑痕的人，常有宿疾沈疴，尤其在中年大運至此，會有不吉的疾病產生。此處皮膚枯燥、低陷、有尖峰瘦削、歪曲傾斜的人，終身為災病所苦。

◎我們可以看到同巨坐命的人，鼻樑山根處較低，且會有雀斑、小痣在面頰上兩旁，並通過山根、年上、壽上等部位，其疾厄宮為破軍，一生會有多次開刀紀錄、身體狀況不算很好。此外例如疾厄宮、福德宮有火星、鈴星的人，會因鼻上的紋痕、痣、斑的出現也都有各自的病症，身體的破耗多。

◎在人的面相正中間這一條線，上自額頭髮際正中間開始，經命宮、山根、鼻部、人中、嘴、下巴正中間這一條中線上有痣或斑點、傷痕的人，容易有身體內部的疾病（在腹中），會有心臟、肺部、胃、腸、內臟的疾病。家母鼻準上有痣，以糖尿病、腸癌病亡，此證。

## 7. 遷移宮：

在紫微斗數的遷移宮，在面相上則在額頭兩旁到髮際處稱『天倉』的地方，也就是在太陽穴的附近、眉梢與髮際之間的地方。此處宜明亮潔淨。則在外有吉祥的際遇。若此處晦暗發青、凹陷、有黑痣、傷痕、斑紋、胎記，則主外出不利。

人不但在『天倉』的部位要好，其四周相連的部位也要好。天倉部位豐滿光潤的人，在官途上主貴、可以威鎮各地，驛馬強，步步高陞。髮際優美的人，可以俠客姿態遨遊四海。額部上下窄侵入天倉部位的人，會破祖離鄉，到外地發展，四處遊蕩。臉部歪斜的人，容易四處為家。天倉和地庫都很削薄的人，是反覆無常的人。

◎在紫微命格中，像貪狼坐命子、午宮的人，會有紫微星在遷移宮。他們的長相美麗、相貌好、臉是長橢圓型。一生生活在高尚、富美的環境之中。若有擎羊在命宮，就有臉部狹長，『天倉』的部位也不好了。因此其人多煩憂、奸險，一生的運程也不佳了。其他有羊、陀在命宮或遷移宮的人也都是一樣，容易造成『天倉』低陷不完美，出外多受阻礙、不順利的情形。

## 8. 僕役宮：

在紫微斗數中稱僕役宮的地方，在面相學上則是奴僕宮的所在的地方。此處在面相上，是位於地閣之位，也就是在臉上下巴、嘴唇之下的地方。此處要與口部連成一氣。口部大而成方形的人，會擁有一呼眾諾的權威。臉頰下巴圓滿的人看起來和藹可親，容易有親和力匯聚群眾。嘴尖而下巴削薄瘦小的人，容易無義，在饑餓無錢之時，便來附合、討食。在吃飽了的時候便揚長而去。下巴尖而小的人，是受人恩惠反而會恩將仇報的人。

在紫微命理裡，擎羊坐命的人，下巴尖削，其人本身對人很陰險、計較，朋友運也不好。尤其擎羊居陷坐命在卯、酉宮的人，多為盜竊宵小的鼠輩，其相交的友人也屬狐群狗黨之流。

太陰坐命辰、戌宮的人，僕役宮為武殺。即使有昌曲、祿存等的吉星在僕役宮中同宮，但是朋友運亦不好。而太陰坐命辰、戌宮的人，也有下巴尖削的面相。

陽巨坐命的人，在臉型上有下巴較小、地閣較小的情況。其紫微命格的僕役宮中為空宮，對宮有武貪雙星，亦是朋友運不佳的狀況。

破軍坐命寅、申宮的人，臉上有下巴處多痣、凹陷小坑、痲子、瘡子、斑痕。地閣不夠清爽明亮、滑潤。雖然下巴較寬、較圓，但依然僕役宮不好，在紫微命格中其役僕宮為同巨，可為印證。

## 9. 官祿宮：

在紫微斗數中的官祿宮，在面相上則在額頭上、天庭之下『中正』的位置。此處要是平滿光潤的人，再加上寬闊的額角、明亮的眼神、印堂豐滿氣色好的人，會有很大的志氣，官途事業都順利。此處若有直紋來破壞，其色又黑暗、會招是非橫事、有牢獄囚禁、瘟病之災。此處若傾斜、凹陷亦不佳，也有病死、徒刑之災禍。

額頭中正處有紅色浮現時，有刑獄訴訟之事、口舌是非、官非嚴重。

有青色浮現時，有憂心、疑慮、傷腦筋的問題會持續很久，可能有訟事、牽連甚廣，在工作上會萬事不如意。

◎在紫微命格中，在面相中正處，有完美官祿宮的人是陽梁坐命的人，天梁居旺坐命的人、天府坐命的人、武相坐命的人、天同化權坐命的人、紫貪坐命的人、紫相坐命的人、武貪坐命的人、天梁坐命的子、午宮的人等等。

在紫微命格中的官祿宮與面相上的官祿宮部位都有相同劣勢的人有紫破坐命的人、同巨坐命的人、機梁坐命的人等等，我們可以發現其人的額頭都有短窄急促之貌，因此在前途上、人生事業上也都開展度不佳，以勞工階級的人較多。

## 10. 田宅宮：

在紫微斗數中的田宅宮，在面相上則在兩眼的位置。兩眼必須清秀、黑白分明。再加上眼旁相伴之天倉、地庫要豐滿明亮、有潤光，不可眼部太低陷、昏暗之色，則主田產家業不豐。眼部最怕有血絲侵入瞳孔，也不能終日怒目而視，眼神要有威嚴、溫和而不露精明，一定會有家產、田園昌盛。

眼睛四周的皮膚有青色浮現時，會有官非、事業退步，敗財、耗財之事。有黑色浮現時，有訟事、家產受損的情況。有白色浮現時，有丁憂、孝服、家中有喪事、或自已病如膏肓，接近死亡。有紅色浮現時，有家宅之喜。有黃色浮現，顏色明亮時，主有十年大旺之運。倘若眼睛四周的黃色如點點的小珠，則主有二十年的大旺運，會增置財產。想要什麼就都可得到了。做武職的人，如軍警業的人員，殺氣重的人，若有此相，也會有掌財政大權的機會。

◎在紫微命格中，紫貪坐命的人、紫府坐命的人、機陰坐命的人、日月坐命的人、武府坐命的人、天同居辰、戌宮坐命的人，太陽巳、亥、子、午宮的人，廉殺坐命的人、陽梁坐命的人、廉相坐命的人、天府坐命卯、酉宮的人等等，都有漂亮美麗的大眼睛，是田宅宮不錯的人。而至於具有武人凶相的人，例如七殺坐命寅、申宮的人，廉貞坐命的人、廉破坐命酉宮的人，也會有田園阡陌無數，房地產多的情形。

通常空宮坐命的人，意志力不夠強、努力不夠、眼神容易渙散，倘若命盤中田宅宮又不好，在田宅的積富上不夠積極，田宅財富較少，或容易失去，無法留存。

◎倘若眼睛周圍受過傷或眼睛部份受過傷，亦或是曾經眼睛開過刀，或做過美容手術的人，田宅宮就受到傷害了。此人容易在房地產上有是非、不易留存，或根本無法擁有的狀況了。

## 11.福德宮：

在紫微斗數中的福德宮，在面相上則要看從『天倉』連到『地閣』的這一塊位置，其實已包括了整個的臉頰位置。此處要豐滿明潤，才能擁有富貴。

面相中，額稱『天』，地閣（下巴）處稱『地』。天與地相對稱，連接清秀、美而滿者，是事業早發的人。兼而有眼睛清澈、鼻樑端正的人，是五福俱全，前程遠大，且有高齡的人。

倘若下頦圓滿而額頭窄的人，在小時侯必窮困。額頭寬潤而下頦尖削的人，晚景堪慮。

◎在紫微命格中，貪狼坐命的人，臉蛋長圓，算是天倉與地庫相連優美的人，他們對生活上的享受也要求嚴格，貪得無厭，福德宮坐天相福星，是真正有高齡和前程遠大的人了。

其他的人或多或少在面相和命格上會有一些瑕疵，而形成福德不圓滿，辛苦勞碌，福份較淺的狀況了！

◎面相上的福德宮其實也包括了人的福祿和權位的支配控制力量，更是一種尊嚴、面子的問題。倘若此處有傷痕、斑點，或是青春痘所造成的坑洞，此人勢必無掌權，地位也會受到影響。對環境中的主控力也會減弱。

## 12 父母宮：

在紫微斗數中的父母宮，在面相上則要看額頭上日月二角之位置。

額頭高的人，父母長壽。額頭髮際低壓的人，幼年容易失去雙親。額頭日月角發暗的人，父母有疾病。右邊日角偏斜的人，與父不和相剋。左邊月角偏斜的人，與母不和相剋，或有繼母，或隨母再嫁。額頭塌陷，眉頭相交的人，是幼年為父母所拋棄的人。嘴唇尖起，髮際低落、額頭低矮的人，父母容易早逝。髮濃低壓，是愚魯之人，容易早年失去父母。下頤尖、五官擠在一起的人，是凶狠頑強之輩，容易剋害父母。鼻部有皺紋相疊在一起的人，會重拜父母或父母無德的人。額高、日月角朝向天中的位置的人，前程遠大，能讓父母得到殊榮。額高、髮際雙鬢入頂，其人父母也是高壽之人。

◎在紫微斗數命格中，父母宮中有天府、太陽居旺、太陰居旺、天機居旺、貪狼、天梁等星的人，父母都會較長壽。而父母宮有太陽居旺的人，父親較長壽。父母宮有太陰居旺的人，母親較長壽。

例如：天相坐命丑、未宮的人，其父母宮為同梁。天相坐命的人，也是福星坐命的人，相貌端正、額頭高、人很溫和、父母也很溫和，相處愉快，父母很長壽。

命宮中有太陰星坐命的人，如太陰坐命、同陰坐命、機陰坐命的人，也都有明朗的額頭，其父母宮都有一顆貪狼星，如武貪、紫貪、廉貪等等，雖和父母的緣份不是很深，但其父母也為長壽之人。

◎在面相上，父母宮的位置長得好的人，也具有貴人運和長輩運。和年紀大的人很接近。自然也可得到長輩或上司級的人經驗傳承與提拔了，也因此具有官運。

# 第七章

# 面相流年的測定法

臉部額、顴、眉、眼、鼻、口、下巴、臉頰、耳朵各部份的氣色，都包含有特定的意義，可以測定流年的運氣。

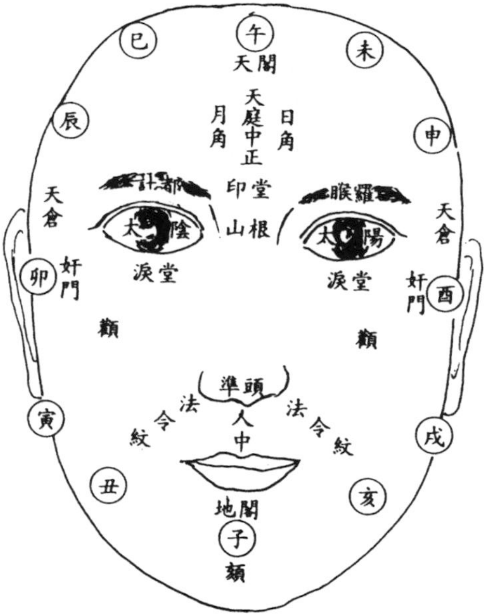

巳
午
未
天閣
天庭
中正
月角
日角
辰
申
計都
印堂
睺羅
天倉
太陰
山根
太陽
天倉
卯
奸門
淚堂
淚堂
奸門
酉
顴
顴
準頭
法令紋
人中
法令紋
寅
戌
丑
亥
地閣
子
頦

# 第七章　面相流年的測定法

一般我們在面相時，不但希望從這個人的臉龐上、相貌外觀獲得其內在個性上的秘密，更希望知道他的運氣好不好？不僅要知道他現在的運氣好不好？更想要知道他未來的運氣好不好？因此在面相學裡就有了『面相流年測定法』。

『面相流年測定法』由於命理學門派的不一樣，而有各式的測定法，不一而同。現在我姑且以『傳統的面相流年測定法』和『紫微面相流年測定法』兩種方式來和大家談一談。

## 第一節　傳統面相流年測定法

在傳統的面相學裡，將人之面部分成上停、中停、下停三部份。眉以上的部份，包括整個的額頭為上停，屬離、為天、主貴。主幼年的福祿安康。眉至鼻以上的部份為中停，屬坤，為人，主壽。主中年的富貴豐隆。鼻以下為下停，屬坎，為地，主富。亦主晚年的富貴成敗。

上停飽滿的人，幼年生活富裕，生活較幸福，會得到父母良好的照顧。上停短窄凹陷有痣及紋者，或是暗青色，主幼年生活困窘。

中停豐厚飽滿的人，主中年運勢強，事業順利，身體強健，財運也好。中停有缺陷，鼻低露孔，上掀或是有歪邪、疤痕有痣的人，中年運差，多惹是非，錢財難進，事業破敗。

下停豐厚飽滿的人，走晚年運，晚年富裕，田宅茂盛，生活舒適。下停有缺陷，短窄、凹陷、有痣紋者，主晚年破敗、貧困。

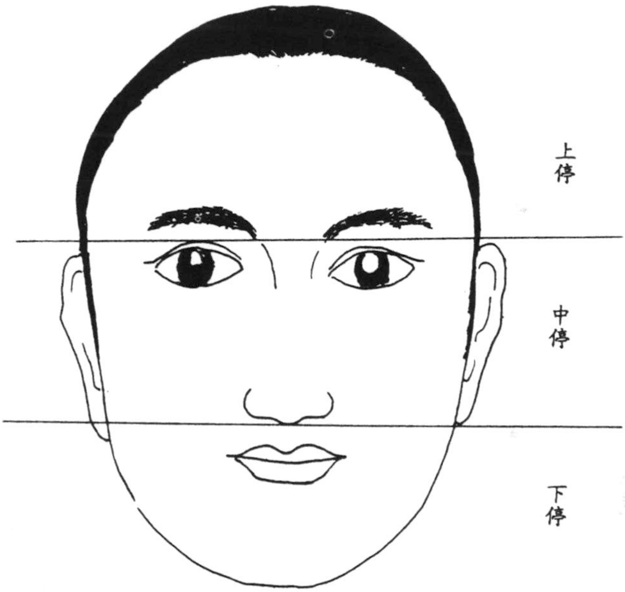
上停
中停
下停

## 面部大運的看法：

古代面相法，將人之面部自『天中』部位至『地』部位分成十三個部份（如左圖）。大運的算法是在每一個部位上，算行七年之運氣，當每一個部位上出現有黑痣、斑點、斑紋的時候，即主災厄將至。而其部位有顏色美好、皮膚平整、光滑、柔潤之相時，是大好的吉兆了。

## 面部大運圖

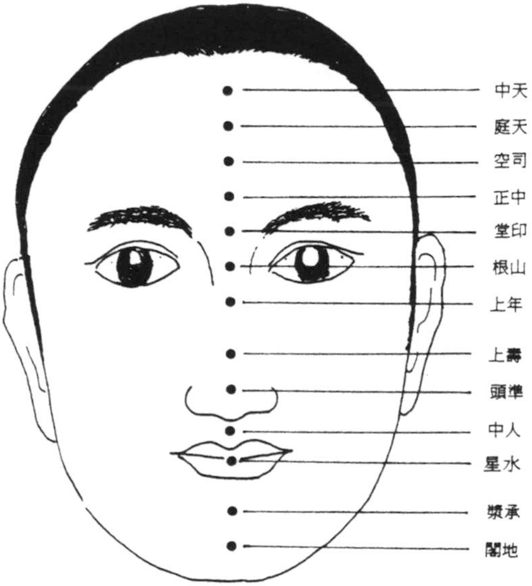

## 面部大運緊要關限看法

1.十五歲到火星為一關。2.十九歲到額中天庭處為一關。3.二十五歲由司空至眉心為一關。4.三十三歲、三十四歲在印堂處、眉心為一關。5.三十五、三十六歲由羅計之位（雙眉）到眼部為一關。6.由太陽、太陰（雙眼）到鼻為四十二歲的一關。7.五十一歲為山根（兩眼之間）到溝洫（人中）為一關。8.六十歲為人中到水星（口）為一關。9.七十三歲為口到地閣（下巴處）為一關。10.七十七歲，由下頦處又回復到火星處為一關。

# 面部大運緊要關限圖

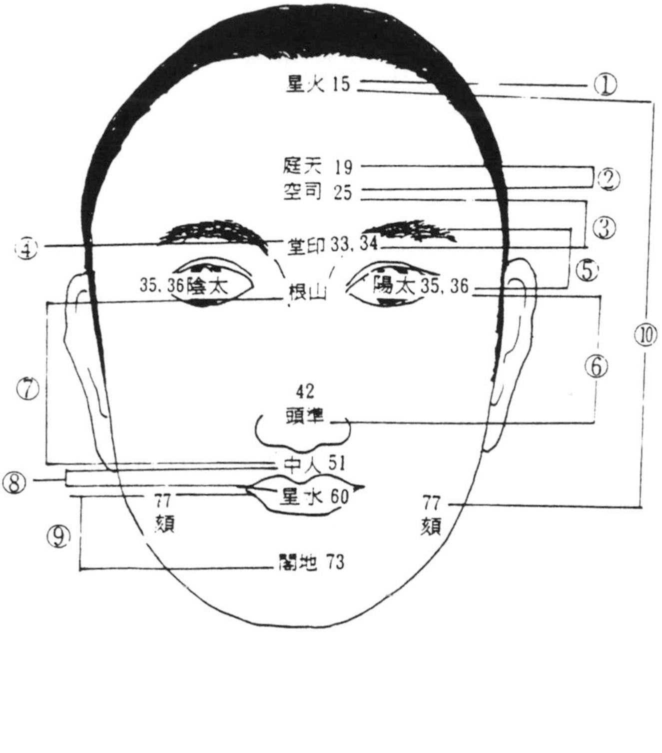
星火 15
①
庭天 19
空司 25
②
③
④
堂印 33, 34
⑤
35, 36陰太
根山
陽太 35, 36
⑥
⑦
⑩
42
頭準
中人 51
⑧
星水 60
77
頦
77
頦
⑨
閣地 73

## 流年運氣行運圖

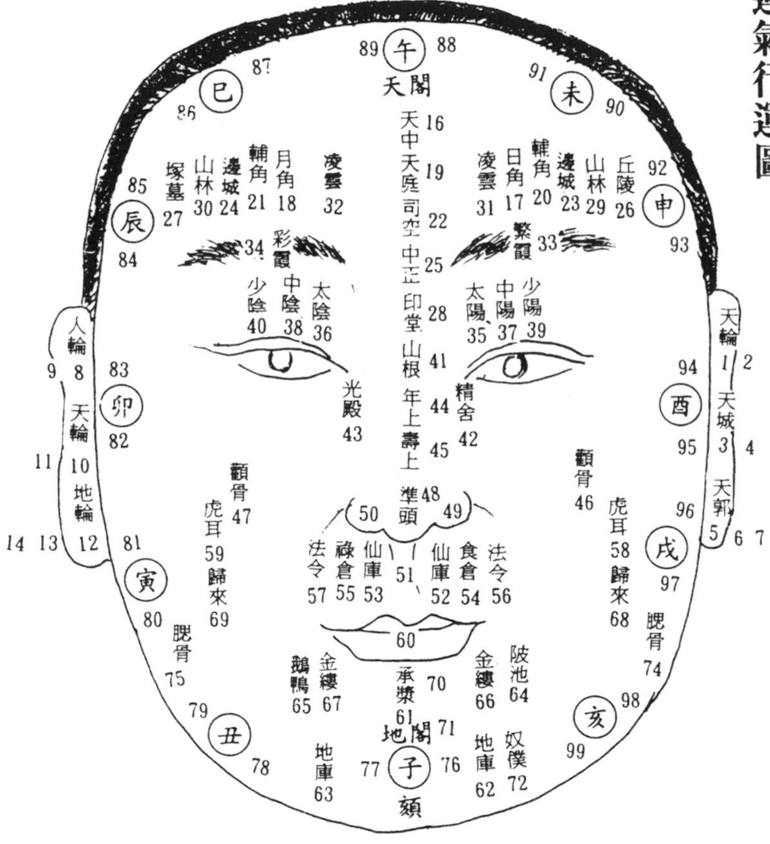
午 89 88
巳 87 86
未 91 90
天閣
天中 16
天庭 19
司空 22
中正 25
印堂 28
山根 41
年上 44
壽上 45
準頭 48
塚墓 27
山林 30
邊城 24
輔角 21
月角 18
凌雲 32
凌雲 31
日角 17
輔角 20
邊城 23
山林 29
丘陵 26
85 辰 84
92 申 93
彩霞 34
繁霞 33
少陰 40
中陰 38
太陰 36
太陽 35
中陽 37
少陽 39
人輪 8
9
83 卯 82
天輪 10
11
地輪 12
14 13
光殿 43
精舍 42
94 酉 95
天輪 1 2
天城 3 4
天郭 5 6 7
顴骨 47
顴骨 46
虎耳 59
虎耳 58
50 49
96 戌 97
81 寅 80
法令 57
祿倉 55
仙庫 53
51
仙庫 52
食倉 54
法令 56
歸來 69
歸來 68
60
腮骨 75
腮骨 74
鵝鴨 65
金縷 67
承漿 61
70
金縷 66
陂池 64
98 亥 99
79 丑 78
地閣 71
地庫 63
77 子 76
頦
地庫 62
奴僕 72

## 古法流年運氣圖的看法是：

一、二歲在左耳天輪上，三、四歲在左耳中間天城部位。五、六、七歲在左耳天郭垂珠的部位。八、九歲在右耳的上部。

十、十一歲在右耳的中部。十二、十三、十四歲在右耳下部地輪處。如果耳朵的形狀不好、招風耳或者耳輪飛翻，會與父母相刑剋。十五歲運在額頂火星的位置。十六歲在額上天中的位置。十七、十八歲在日角、月角的位置。十九歲運在天庭的位置。

二十、二十一歲在輔角的位置。二十二歲運氣在司空位。二十三歲、二十四歲在邊城的位置。二十五歲在中正的位置。二十六歲在丘陵的位置。二十七歲在塚墓的位置。二十八歲在印堂的位置。二十九歲、三十歲在山林的位置。

三十一歲、三十二歲在凌雲的位置。三十三歲在繁霞（在左眉）的位置。三十四歲在彩霞（在右眉）的位置。三十五歲在太陽（左眼）的位置。三十六歲在太陰（右眼）的位置。三十七歲在中陽。三十八歲在中陰的位置。三十九歲在少陽的位置。

四十歲在少陰的位置。四十一歲在山根的位置。四十二歲在精舍（左眼角）的位置。四十三歲在光殿（右眼角）的位置。四十四歲在年上（鼻中間）的位置。四十五歲在壽上的位置。四十六、七歲在兩個顴骨的位置。四十八歲在鼻上準頭的位置。四十九歲在鼻上蘭台的位置。

五十歲在右鼻廷尉的位置。五十一歲在人中的位置。五十二、三歲在仙庫的位置。五十四歲在食倉。五十五歲在祿倉。五十六、七歲在法令的位置。五十八、九歲在虎耳的位置。

六十歲在口部。六十一歲在承漿的位置。六十二、三歲在地庫（下巴）的位置。六十四歲在陂池的位置。六十五歲在鵝鴨的位置。六十六、七歲在金縷（在嘴角下）的位置。六十八、九歲的歸來（兩頰）的位置。

七十歲在頌堂的位置。七十一歲在地閣的位置。七十二、三歲在奴僕的位置。七十四歲、七十五歲在腮骨的位置。七十六、七十七歲在子位。七十八、七十九歲在丑位。

八十、八十一歲在寅位。八十二、三歲在卯位。八十四、五歲在辰位。八十六、七歲在巳位。八十八、九歲在午位。九十、九十一歲在未位。九十二、九十三歲在申位。九十四、九十五歲在酉位。九十六、九十七歲在戌位。九十八、九十九歲在亥位。百歲之後再周而復始。

# 如何幫子女找一個好生辰

## 第二節　紫微命理的面相流年測定法

第一步：在紫微命理的面相流年測定法裡，我們首先要用本書前面所述及的方式，找出此人的命宮主星。
第二步：命宮主星確定後，便能知道此人的命盤格式了。

例如：我們想看一位初次見面的陳先生的流年，他也許是我們生意上或選舉上的對手，我想要知道他的運氣好不好？

我先從外觀上確定他的命宮主星。陳先生約莫三十五、六歲，有中高身材、瘦型、舉止溫文儒雅、面容長圓帶方下巴、相貌俊秀、有陰柔之氣、人緣好、很有人氣、溫和、感覺上有一點內向，但仍有積極的活動力。眉宇間很聰慧。我確定他是機陰坐命的人。

機陰在寅宮的人，機運好、人緣好。機陰坐申宮的人，因財星陷落的關係，人緣較差，眉宇也會有淡淡的愁緒。因此我確定他是機陰坐命寅宮的人。

機陰坐命寅宮的命盤格式是這樣的——

| | | | |
|---|---|---|---|
| 天相 巳 | 天梁 午 | 廉貞 七殺 未 | 申 |
| 巨門 辰 | | | 酉 |
| 紫微 貪狼 卯 | | | 天同 戌 |
| 命宮 天機 太陰 寅 | 天府 丑 | 太陽 子 | 武曲 破軍 亥 |

**第三步：再觀察此人身上有何特徵？**

臉上表情的特徵——有何特殊表情和以往不一樣的地方？

表情是快樂還是憂慽？臉色是明亮還是晦暗？氣度是穩定還是急躁

不安？亦或是暴怒？春風滿面還是精神恍惚、不集中？

**身體的特徵**—身上、臉上、外觀有沒有新的傷痕？是否有做美容手術、身體上的手術？傷痕的狀況是大還是小？受傷的部位在何處？臉上？身體？還是手足？是不是生病的樣子？健康狀態如何？

◎臉上表情快樂、安祥、穩重、氣度優雅、春風滿面、臉色明亮、身體健壯者，正是行運旺宮的人。所走的運程多是吉星、財星皆居旺位的運程。

◎臉上表情呆滯、憂愁、晦暗、急躁不安、精神恍惚不集中、臉上身體有外傷、手術、生病，或即將生病、健康狀態不佳者，是行運弱宮的人。所走的運程多是財星陷落、或是火鈴煞星當道的運程。羊陀、殺、破相剋的運程，則是有傷災、車禍、外科手術、生病、健康不佳的的情形發生。

陳先生的臉上、眉毛尾端、眼角處有些微擦傷的痕跡，從旁人口中得知其上個月有小車禍發生。

蒐集到上述資料後——

**第四步：在此人的命盤格式中，找到你想要看的流年年支所在的宮位。**

我們想要知道陳先生虎年的運氣，因此看寅宮內的坐星。寅宮正是其本命宮，為機陰雙星。

◎機陰雙星所代表的運氣，是一種變化多端，有異動形式的運氣，可能在工作上，家庭裡有變動，可能會高升或搬家。機陰的運氣在寅宮為變動中帶吉、趨吉的運氣。

**第五步：將此人的外觀資料整合，再在其命盤中尋找與資料吻合的宮位中的星座。可以找出其流月運氣。**

例如現在是五月，陳先生上個月受傷，其羊刃就是在四月。我們知道，命格中有『廉殺羊』格局時，最會因車禍受傷，嚴重時會有喪生之虞。尤其是年、月、日或月、日、時三重逢合之時，會有死亡的狀況。

陳先生的命格中有廉殺在『未』宮，極容易形成『廉殺羊』之格局。

我們再看陳先生目前的神形氣色：他目前是態度氣定神閒、人緣極佳、氣色清明、活動力強盛、臉上、身上看不出有什麼傷痕不便。因此我們可以找出目前這個月陳先生正走寅宮機陰運，而羊刃在丑宮了。

※倘若陳先生目前五月走申宮空宮運的話，羊刃在未宮。未宮直接形成『廉殺羊』同宮，傷勢會較重。而這個月的空宮運弱，臉上會有傷病、憂愁的面貌，氣數很敗落。因此與目前陳先生的神色不合。

**第六步：至此我們就可分析出，此人今年、明年、後年的的運氣。以及今年度、明年度各月份的運氣了。**

陳先生寅年是走機陰運，五月也是走機陰運。下個月走紫貪運。這個月在生意上都是會大有斬獲的月份。若是參加競選，今年的機陰運有百分之六十的希望。明年紫貪運有百分之九十以上的希望。

※另外我們知道陳先生的羊刃在丑宮，有天府同宮。丑宮為陳先生的兄弟宮。而其僕役宮為廉殺。由此看來陳先生在工作事業上的助手，常有磨難不順的情形，他必須要小心這方面的問題，才會成功。否

則更受其害。

**例二：**李總統夫人曾文惠女士，在三月份抱病未出席公眾場合，引起議論，事後證明其做眼部美容手術，此在紫微面相流年測定法裡亦可得到印證。

李登輝總統是天梁化祿坐命午宮的人。其夫妻宮為巨門居辰宮。而曾文惠女士正是身材嬌小豐滿、臉型長方、嘴大、巨門坐命辰宮的人。國曆三月，正是農曆二月剛過完年的時候，農曆二月走武曲、破軍運程。我們知道凡是走破軍運程的人，容易開刀、動手術。而且最喜歡做美容手術，這就像破軍坐命的人，愛做美容手術和開刀是同樣的道理。

曾女士農曆三月走太陽運在子宮為陷落的運程，因此在家修養。農曆四月，也就是國曆五月時，走天府運程，運氣轉好，曾女士出現公眾場合，美容後，形容煥發，眾聲嘩然！

## 預測面相流年時亦有許多輔助的辦法：

1. 倘若我們所獲得的資料裡有其與親人的關係、父母、配偶、子女的相貌外觀，職業、品德等相關資料，亦可幫助我們對其命宮主星有更確定的作用。

2. 倘若我們所獲得的資料裡，有其與朋友、上司、部屬之間關係好壞的資料，人緣關係的好惡，以及在男人、女人團體中的親和力、向心力、領導能力的上下標準，亦可幫助我們對其命宮主星有確定的作用。

3. 當你與此人會面時的時間與當時的狀況也是預測面相流年、流時的最好資料。

**例如：**當你見到這個人是在早上九、十時之間的巳時，而他給你的感覺是紅光滿面、意氣風發、中氣十足、熱情豪爽。亦或是友善溫和的態度的人。表示這個人在巳時的運氣走在旺運、吉運之上。而此人的命盤上之巳宮，也同樣是有吉星存在的狀況。有熱情氣度的人，很可能走的是太陽運。而有穩重溫和氣度的人，走的是天府或是天相運。若是呫噪愛說話的人，走的是巨門運。溫和、穩重、話不多、面貌慈善祥和的人，走的是天同或天梁運。態度嚴肅、穩重、忙個不停的人，走的是紫殺運。

倘若你在巳時遇見的人，外表雖然溫和，但臉色臭臭的，不太愛理人，他可能走的正是太陰陷落運。而正在挨罵，運氣不好的人，他可能正走在天機陷落的運時上。態度隨便、禮貌很差、說話很衝的人，此時正走在破軍運、武破運或廉破運的時間上。此外，人緣不好、人又潑辣、愛說大話、自誇、挑剔別人、沒有禮貌、多說少做、廢話很多的人，此時他正走在廉貪運時間上。

我們也可從見面者的穿著上來預測此人的運氣。例如此人在正式的見面中，穿著邋遢或喜著工人褲、背帶褲或作鄉土打扮，穿著不合時宜的服裝者，他正是在走破軍運。其人的態度也會隨便、蠻不在乎。倘若多次見面，皆注重穿著整齊、保守者，他是正在走紫微運或財星居旺、天府等運程的人。

由此類推，由『時間』和『對與接觸的感覺特性上』也可獲取資料。

## 4. 我們從一個人的勤勞與懶惰的工作態度上也可找出流年、流月運氣的的資料來。

**例如：**一個人平常很勤奮努力，最近突然懶散了起來，我們可以知道這個人很可能正在走天同居平、居陷運，或天梁陷落的運程。

**例如：**一個人態度並不積極、溫和、愛耍嘴皮子。可是又忙碌非常，忙來忙去也沒有什麼業績的人，這個人在走同梁運程。

**例如：**一個人態度很積極、話多，會惹一些口舌是非，這是在走巨門居旺運程的人。很會說話，別人又肯聽他的，這個人在走巨門化權的運程。口角油滑，喜歡說漂亮話的人，這個人在走巨門化祿的運程。倘若此人儘說些令人討厭的話，又扯是非、惹些麻煩招惹眾怒，這個人是在走巨門陷落或巨門化忌的運程。

**例如：**一個人工作很勤奮賣力，但是造成很多花費，有時也會造成自己身體受傷，所得的績效並不是很好。有時候這些花費看起來也很浪費。這個人走的是破軍的運程。

舉凡一切在工作上態度積極，做事經過思考、穩重、溫和、能體諒人、通情達理之人，其運程都是吉星、財星居旺、運星居旺的流年、流月的運氣。例如紫微、天府、貪狼、七殺、太陰居旺、天相等星當值的年份或月份。

而有懶散、不積極、是非多、災禍多的年份、月份裡，不是遇到福星陷落愛享福、愛玩，就是遇到耗暗、凶煞之星當值。因此從其人的勤奮與懶惰上也可看出其行運的端倪。

## 5. 我們從一個人的愛好與享受上，也可找出其流年、流月的運氣資料來。

**例如：**一個人最近特別偏好吃穿的享受，我們可以斷定他這個月在走天相運程。

◎一個人最近特別好買有價值的高級物品，而且買的都是自己的東西。這個人目前在走天府運。倘若這個人近來花了許多錢，但都買得是亂七八糟的東西或者是弄不清楚很多錢花到那裡去的人，走的是破軍運，而不是天府運了。

◎一個人倘若他突然會買古董或極貴重物品的人，若其氣度是沈穩的人，他是在走紫微運。若性情急躁的人，他是在走貪狼運。走貪狼運的人，較會買貴重物品，較不會買古董、字畫。

◎一個人突然與異性交往密切，或是有外遇，這個人是在走廉貞運。廉貞化祿時，此運更明顯。走廉貪運時，所遇之為邪桃花，其人臉上也有好色的形象。

◎一個人突然想過閒雲野鶴的生活了，想隱居或是過田園生活的人，其氣度沈穩，可以持續一、兩個禮拜的人，是在走天梁運程。而氣度急躁，過幾天又回來出現的人，是在走貪狼運程的人，他們只是因心中有事急躁而躲避，並不是真心想過隱居生活。

◎倘若一個人，最近手頭拮据，他是在走財星陷落、太陰陷落的運程。倘若屋漏還逢連夜雨，又有破耗、禍事產生、花費更大。又賺不到什麼錢，那他就是在走『武破』、『廉破』的運程了。

# 第三節　各星曜在面相流年測定法裡所代表的意義

**紫微：**在流年與流月的宮位裡出現，無論大小事都順利吉祥。升官、發財之機會順暢如意。其人的面色會帶有黃色明亮、喜氣的顏色、氣度上穩重、謙和、知禮、令人敬重。若有羊、陀、火、鈴同宮或在對宮相照時，會有稍許暴躁、不順的情況，但為害不大，但可平安度過。

**紫府：**在流年、流月的宮位裡出現時，一切順利、祥和。錢財方面會多得，且能積蓄財富、開展商機、進財很多。其人的面色會有黃色偏白明亮的色彩，心情與氣質佳。而且其人在此段時間中有精明幹練，精於計算的才能。

若有陀羅、火鈴同宮或相照時，會有稍許不順或暴躁，但很快會恢復正常的穩重、精明。

**紫相：**在運逢紫相的流年、流月裡，一切平順、祥和、享受好。在錢財、工作、學業上皆順利。有紫微化權在宮位時，更可掌有主控權，控制所有的大小事物。在此段運程裡，也喜歡享受平順的物質生活。其人的面色和諧、穩重、對人關心、受人喜愛。臉色是黃中帶白、溫潤有柔光。

若有羊陀、火鈴同宮或相照時，會有急躁心悶的感覺，心情會稍懶，但一切還是會順利。

**紫貪：**在流年、流月的宮位裡出現紫貪時，一切順利，人緣特佳。在錢財方面會因人際關係帶來好運。在升官上運氣又佳。在參加選舉上，能得到眾人的支持而當選。其人的面色會帶有微紅的溫潤紅光，其色討喜。

若有火鈴在此同宮或對照時，其人有偏財運，臉上紅光更明顯。若有擎羊同宮或對照時，臉色會稍為泛青，情緒不穩，小心血光，但不嚴重。

**紫殺：**在流年、流月的宮位裡出現紫殺時，一切順利而忙碌，其人沈穩而思慮辛勞，是勞心勞力的一年或一個月。有苦幹、實幹的精神，會把好幾個月的事情一起解決。走此運時，其人臉色黃中帶青，是一種暗土黃色，但有明亮、堅毅的光芒，能震懾別人，並能籍此說服別人和你一同努力。

若有陀羅、火鈴同宮時，會有事情延宕或煩躁的情況，但也平安能過，但要小心血光之災。

**紫破：**在流年、流月的宮位裡出現紫破時，是一切看起來順利，但是很喜歡打拼、東奔西跑、忙碌、衝刺的情況。耗費了很多的精力和錢財，是一種表面榮景、骨子裡入不敷出的情形。走此運時，其人臉色略帶黃黑色，但發亮，有堅毅不撓的精神，眼光也很有神。其人氣度是時而穩重，時而海派爽朗，時而有些疑神疑鬼的樣子。

若有羊陀、火鈴同宮或對宮時，會有急躁暴劣的傾向，小心血光。

**天機：**在流年、流月的宮位裡有天機星出現時，要看此星在何宮位，若天機在子、午宮居旺時，其人臉上露出聰明的樣子，臉色白裡透亮。流年、流月的運氣是在變化中有趨吉的運氣。在變化中有轉機的形態。若天機居丑、未、巳、亥宮時為居平陷之地，其人臉色是白裡透青黯色，做事推、拖、拉。凡事會有每下愈況，愈有變動，愈產生破敗的不良時機了。因此在這個時機最好是不要異動為妙。但是人在運氣不好的時候，臉色很差，就愈想動、換工作、遷居，結果是一次比一次差，後悔莫及。

◎有天機化權在子、午宮時，你的氣度沈穩，凡事有主控力，很能掌握『變』的時機，控制住整個的情況，因此每一事物是趨吉方發展的。天機在陷宮加化權時比較沒用，只是會更增加自己的固執性格而已，反倒沒有變通的能力以應付弱勢的狀態。

◎有天機化祿在流年、流月宮位中時，在子、午宮的人，你的額頭和嘴角發亮，機運會在轉變中讓你得錢財。在丑、未、巳、亥宮時，得財有限，可能只是少破一點財罷了。嘴甜一點、在人緣上稍具一些潤滑作用。

◎有天機化忌在流年、流月的宮位時，無論天機是在旺宮或弱宮皆有是非不順。有『羊陀夾忌』的惡格形成時，有災禍降臨，很可能危及生命。走天機化忌運時，臉上會突然出現小疙瘩，皮膚不好、粗糙，臉色泛青黑，心裡不痛快，性格剛硬、很衝，容易惹是非的狀況。

**機陰：**在流年、流月的宮位裡有機陰出現時，你會非常忙碌，東奔西跑，在運氣上有些曖昧不明，似乎起伏不定，讓你內心很徬徨。當機陰居『寅』宮時，你會得到一個較好的異動的機會，會因升官而調職，或者是得到好的居所而搬家。當機陰在『申』宮時，機運較不佳，可能忙碌了半天，而遭上級將你調職降級，或是有不得已的狀況而遷居，情況不妙！

當你走的機陰運在『寅』宮時，你的臉色溫潤，是青白色、發亮。當你走的機陰運在『申』宮時，你的皮膚較乾燥、臉色是黃裡帶青黑色，形色黯淡。

**機巨：**在流年、流月宮位裡有機巨出現時，其人的態度聰明有智慧，非常好辯、喜歡抬槓、喜歡引經據典，跟人辯個不停，一直要對方認輸方才罷休。因此常惹人厭煩，怕了他了！故而凡人走機巨運時，可以多做研究、喜歡追根究底，但是人緣全都不太好。此運只有在工作、研究、讀書上會努力，但在金錢運與升官運上不算好。

◎機巨運裡有天機化權或巨門化權同宮時，其人有掌握機運，或是可以口才稱霸的特別才能，可增加機巨運的主控事情轉機扭轉乾坤的力量。走機巨運時，臉上的嘴因活動量的關係特別明顯。

◎當機巨運中有天機化忌或巨門化忌時，皆極為不吉，有是非災禍降臨，而且問題嚴重，很難扭轉乾坤。臉上有不耐煩，還有模糊、煩憂、敵視別人的神色。

**機梁：**當流年、流月的宮位中有機梁出現時，其人很喜歡用腦子想事情，自許為謀士之材，但是機梁在辰、戌宮都是天機居平、天梁居旺的位置。因此常有思慮不周、頑固自傲的情形，也不算極佳的情況，財運也不是很好，賺錢不容易，令人嗟哦感嘆！機梁運不主財，但是有貴人運，適合升官或與長輩溝通。走此運時，人會相貌清癯、無財，但長輩和貴人會幫助你。

◎機梁運中有天機化權或天梁化權的人，能掌握變動時的機運及得到祖上、父母、上司、高級長官的愛護，也容易得到官位。但與金錢沒有直接的關係。而是間接因官位而得錢財。

◎有天機化祿或天梁化祿在機梁運中，仍是金錢運不算穩定的狀況。也可能會進一點財，但是會成為煩惱或包袱。

◎有天機化忌在機梁運中，不吉，有是非災禍發生，要小心！人在走機梁運時，臉色是黃中帶青的顏色。態度聰明、伶俐、反應快、速戰速決、喜歡策劃、分析，但常常會很莽撞，做事會後悔。

**太陽：**在流年、流月的宮位裡有太陽星出現時，要看此星居何宮位而定吉凶。太陽居旺宮在辰宮、巳宮、午宮的人，利於發財、事業順利。家中有吉慶、旺運產生。凡事大吉。其人的臉上有紅光、印堂發亮。

太陽在戌、亥、子宮居陷時，其人有躲在人後做幕僚工作，不願居功的狀況，在男人團體中沒有競爭力，財運不順利，工作、人際關係無法開拓，只喜歡隱藏自己。其人在面貌氣色上也會有臉色暗淡、發黑的狀況。

◎有太陽化權在太陽居旺的流年、流月運程中，更能掌握主控事業、男人。在男人團體中具有領導力。講話有份量，氣勢能震懾男性，使其臣服聽話。太陽若居戌、亥、子宮居陷再加化權時，力道不強，是一種暗地裡能掌權的力量。在男性社會團體中只能做一個地下司令，而無法到枱面上做真正的領導者。

◎太陽運程中有太陽化祿時，對錢財以居旺時較多，其人的臉色，是圓潤透亮。居陷時，多半沒有實質的利益。其人的臉色較黯淡，發青或灰白。太陽化祿在人緣上的關係較圓融實在，在金錢上的利益不算大，至少不像財星化祿那麼多。

◎太陽運程中有太陽化忌時，當年、當月眼目有傷、或有疾病，臉上有憂煩、不耐煩的神色。其年、其月，與男性是非多，不順，金錢運也不好，有人生晦暗之現象。尤其是太陽陷落加化忌，或者是太陽居陷加擎羊同宮的人，運程到此，會有自殺滅亡之舉止。

**日月：**當流年、流月的宮位中有日月（太陽、太陰）出現時，其人會有謹慎保守、自我保護色彩濃厚、情緒變化很大，一會兒柔、一會兒剛、眼神茫茫然的神色。當日月在『丑』宮時，其人該年、該月比較愛賺錢，錢財也多進。此年、此月的運氣是與女人的關係較好，賺錢的運氣較好。像升官、或與男性的關係較差。並且愛躲著男性親友，性格剛直、討厭講人情的事物。

當日月在『未』宮時，其人該年、該月很喜歡做事，有關工作上的運氣好、升官的運氣好，與男性人緣關係較和諧。而與女性的人緣關係較差，並且財運較差。

因此日月運在『丑』宮時，宜賺錢。在『未』宮時，宜升官、工作，人在走日月運時，在『丑』的人，臉色會有青白的現象。日月運在『未』宮的人，臉上會有紅光滿面，升官吉兆。

**陽巨：**當流年、流月的宮位中有陽巨（巨日）出現時，其人會有穩重、謹慎、性格開朗、隨和、口才好的優點，但是非也多。走陽巨運時，凡事要競爭，才有所得。沒有競爭，就什麼都失去了。因此凡人走陽巨運，必會勤奮努力，用口才得財。陽巨在『寅』宮的運氣較好，陽巨在『申』宮為日落西山，運氣較差。工作、財運都不順利。

人在走陽巨運時，在『寅』宮的人，臉色會有黃黑發紅的現象。而陽巨在『申』宮的人，臉色為較暗淡的青白色。

**陽梁：**當流年、流月的宮位中有陽梁出現時，會有升官、發財的機會。其人在此陽梁運中利於考試、升官。部份人會具有『陽梁昌祿格』，尤其陽梁居『卯』宮的人，運氣最好。陽梁在『酉』宮的人，太陽居平陷之位，運氣較差。走陽梁運在『卯』宮時，其人臉上會泛紅光、透亮，氣勢旺的樣子。在『酉』宮時，其人臉色黃中帶黯青，氣勢不旺。

◎陽梁運中若有太陽化權、天梁化權時，其人對運程有主控的力量，考試升官的機運更佳，財運也會不錯。陽梁運中有太陽化祿或天梁化祿時，考試運與升官運，都比化權為次之。但依然很好。對於人緣和財祿方面較為圓滑得利。

陽梁運中有太陽化忌時，不順利，是非多，運氣不好，有災禍。

**武曲：**當流年、流月的宮位中有武曲單星時，武曲是財星，因此有很好的賺錢機會與財運。在武曲運裡，其人會很執著在賺錢上，性格剛直、頑固，做事很拼命，在武曲運裡，也容易爆發財富，有暴發運、偏財運。有武曲化權的人，暴發運更強，在財富、政治勢力上有強權力量。有武曲化祿的人，得到的錢財更豐厚。有武曲化忌的人，則其人金錢不順，有是非、貧窮之苦。

人在走武曲運時，臉色為青白色，額頭有亮光，容顏煥發。走武曲化忌運時，其人臉色發青、臉上有模糊不開展的神色。

**武府：**當流年、流月的宮位中有武府時，其人該年、該月有非常好的金錢運，財多、有積蓄、物資財源好。走武府運時，為富足之貌。有擎羊同宮、或有化忌同宮在武府運中，會為人慳吝，對財富也有傷，錢不會那麼多了。

在武府運中，人喜歡物質享受，會買很多的東西，為人勤勞，對賺錢的事感興趣。

人在走武府運時，其人臉色較白，有溫潤的光澤、有朝氣、生氣勃勃。

**武相：** 當流年、流月的宮位中有武相時，在該年、該月的運氣是財運順利，愛享福的狀況、生活穩定，而特別對吃與穿有興趣，注重個人享受。此年、此月也較有事業心，願意打拼，但主觀意識太強，會有些頑固。

◎若有武曲化權在武相運中，對錢財的事物喜歡掌權。若有武曲化祿在武相運中，財運特好，財富多。若有武曲化忌，則錢財不順，有是非、困難，只是懶惰愛享受的運程罷了。

人在走武相運時，臉色為青白色、神清氣爽、氣度堅定、溫和。有武曲化忌時，其人臉色較青暗，為人較寒傖。

**武貪：** 在流年、流月的宮位裡有武貪出現時，其人動作快，勞心勞力，為人頑固、話少，喜歡拼命做事。但為人小氣，講究價值觀。人在走武貪運時，有橫發格、暴發運。在升官與發財上大有斬獲，有意外的奇運。其人臉上有額頭發亮、氣勢雄壯，凡事很積極，很自信、有無人能擋的氣勢。

◎武貪運中有武曲化權、貪狼化權的人，暴發運更強，人更固執。能掌握暴發運的機運，與具有政治權勢的主控權。武貪運中有武曲化祿、貪狼化祿的人，暴發運也強，人緣較好，人較圓滑。財富的價值獲得的較多，享受也好。

武貪運中有武曲化忌的人，有錢財困難與是非糾纏的問題。有貪狼化忌的人，會有人緣上的是非災禍或者是好運暴發後有惡運隨至的問題。臉上都會有不開朗、愛生氣、計較的形態。

**武殺：**在流年、流月的宮位中有武殺出現時，在此年、此月中，其人會性格剛強、頑固、很打拼做事，只顧蠻幹、思慮欠周詳，以至於很辛苦做事，而財運仍不佳。

◎在武殺運中有擎羊與武曲化忌時，財運更形困難，且有因財受傷，或因財與人拼命的惡劣情況，財困而氣憤不平。

人在走武殺運時，臉色黑黃、皮膚粗，容易出油光，常是滿頭大汗，氣急敗壞之貌。

**武破：**在流年、流月的宮位裡有武破出現時，其人有膽大妄為，性格粗暴，喜歡冒險，不顧後果之情形，財運不順，賺錢不易，勞碌而敗財，情緒也不好。

◎武破運中有武曲化權或破軍化權的人，性格更剛暴、固執、行動力更快速，但無助於財運。

武破運中有武曲化祿或破軍化祿的人，人緣較順暢，借錢可借得到，但財運並不算好、賒債度日。

武破運中有武曲化忌的人，命賤運蹇，錢財的是非糾纏，會為錢財被人驅策做壞事，一生無法翻身。

人在走武破運時，其人臉色黑暗，沒有禮儀，形粗無制，財運不濟、慳吝、遇富者態度有卑微之貌。

**天同：**在流年、流月的宮位裡有天同星時，其人心地善良，不喜與人爭，有懶散愛享受、喜歡玩樂的狀況。在天同運中，財運平順，沒有競爭、激奮努力之心，只想休息、享樂。天同在辰、戌、卯、酉宮居平陷之位時，只會為享受、玩樂之事忙碌。

◎天同運中有天同化權時，為在平順中能主控事物。凡事吉中而能掌權，更能掌握事物趨吉的機運，把壞事變成好事。

天同運中有天同化祿在旺宮時，在安享中而能得財富。坐在家中就有人會送錢來。在陷宮時，為享受、玩樂之事而忙碌。

天同運中有羊陀同宮時，其人較辛勞，做事會較為有衝勁。

人在走天同運時，臉色為較白、溫潤，有懶洋洋的味道。有羊陀同宮時，其人眼露精明、多心機、態度穩重。

**同陰：**在流年、流月的宮位裡有同陰時，要看其宮位為何而定。同陰在『子』宮的人，該年、該月是平順、財運好的同陰運。而且享福較多，平安愉快。同陰在『午』宮的人，平順較懶。但有錢財困擾，財運不佳。

◎同陰運在『子』宮有天同化權、太陰化權、天同化祿、太陰化祿的人，對於享福、財祿、升官、考試有特殊的好運，且與女性的關係特佳，有女性貴人相助。

同陰運在『午』宮有天同化權、天同化祿、太陰化權、太陰化祿時，因福星天同居陷，財星太陰居平的關係，其人是懶洋洋、沒有奮發力的。愛享福而享不到福，即使有權祿相隨，只有頑固、堅持，煩惱會多一點，無法真正享受到利益。

人在同陰運時，臉色較白，有溫潤光澤。同陰在『午』的人，人較瘦，皮膚稍黑，有吝嗇的表現。

**同巨：**在流年、流月宮位裡有同巨時，運氣不佳，是非多，犯小人，人緣運氣衰退，辛勞忙碌，一事無成。金錢運也不佳。

◎同巨運中有天同化權、愛享樂，大家都得為他的享受而忙碌。有巨門化權時，喜歡強行說服別人，但說服力仍不好。因固執而是非口舌多。有天同化祿時，人緣較好、油滑。財運仍不是很好，借錢則可借到。有巨門化祿時，因油滑而增口舌是非，同巨運中有巨門化忌時，是非口舌加重，會自找麻煩，有災禍降臨。人在走同巨運時，臉上會出現晦暗多斑痕、黑點的狀況。人較懶散、思想不集中，運氣也不好。

**同梁：**在流年、流月的宮位裡有同梁出現時，同梁在『寅』宮時，為溫和、雞婆、喜愛享受、忙碌玩樂，但一切還順利，金錢運也平順，凡事都在穩定中發展。只是對事業沒有衝勁，不想打拚，想偷懶又偷懶不成的狀況。考試運也平平，不會有什麼好的成績出現。但有貴人運。同梁在『申』宮時，同梁運為辛勞奔波，東跑西跑，好運少，但又想享樂、懶惰，財運也不順。事業與升官，考試都有敗落的情況。

◎同梁運中有天同化權和天梁化權的人，在『寅』宮時，平安順利，在無為中享有福份權威，且能得到長輩的提拔、貴人運很強。在『申』宮時，有天同化權的人，有固執、較懶、貪好享受的心向。有天梁化權的人，固執、而沒有貴人相助，化權無力，只是頑固霸道、心態懶散之人，喜歡用口指使別人做事。

人在走同梁運時，在『寅』宮，其人的臉色平和、氣度豪爽、不計較、有風範，有慈善心，能體諒人。在『申』宮的人，懶惰、頑固、運氣不佳。臉相鬆垮、稍暗。

**廉貞：**在流年、流月的宮位中有廉貞星時，其人該年、該月會有性格剛烈、主觀強，固執、不妥協的性格。做事衝勁十足，凡事愛爭，喜歡暗地做計劃、策劃一些事物，並以此為樂。

在廉貞運裡，其人喜歡策劃升官、發財之事，對於人際關係有刻意營造的企圖心。

◎有廉貞化祿在廉貞運中時，會對酒色財氣感興趣，並有恣意享受、好色的心思。

◎有貪狼化權在對宮相照廉貞運的人，對升官和權勢、地位有強烈的企圖心。

◎有廉貞化忌在廉貞運中，運氣大惡，有官司纏身，或者有桃花是非，所引起的官非。臉色是泛白，或滿臉黯紅色。

人在廉貞運時，其臉色為黑裡透紅，態度沈穩，稍具陰險多謀之外貌。

**廉相：**在流年、流月的宮位裡有廉相時，其人在該年、該月行為保守、謹慎、膽小。財運還不錯，但其他的事物較保守，不會有長進。若有擎羊星同宮的人，為『刑囚夾印』之格，會因職務上的錯誤而有官司入獄的問題。若再有桃花星同宮的人，因桃花緋聞而致職務喪失，並有官非獄事。

◎廉相運中有廉貞化祿的人，更喜桃花韻事。好色、貪財。廉相運有廉貞化忌的人，有官非、頭腦不清的狀況發生。女子在廉相運中有化忌和羊刃的人，會有乳癌開刀之狀況。

人在走廉相運時，行為、態度保守、謹慎、臉色潤白略有紅光。

**廉府：**在流年、流月的宮位中有廉府時，其人在該年、該月財運順暢，人緣特佳、穩重、沈默、小氣吝嗇，有嫉妒，貪赧之心，智慧不是很高，但喜歡用計謀在建造人緣關係上。

◎廉府運中，有廉貞化祿的人，自己愛享受、好色，又愛拉攏人緣。財運的部份並不多。

廉府運中有廉貞化忌的人，官非多，頭腦不清，人緣亦不佳，貪心，吝嗇。

人在走廉府運時，臉色為較白明亮，運氣不錯，討人喜歡的樣子。態度陰沈、少話、稍有陰險的智謀會呈現在臉上。

**廉殺：**在流年、流月中有廉殺在宮位中出現時，其人在該年、該月很有衝勁，肯吃苦耐勞，喜歡蠻幹，有時候內心思緒複雜，愛胡思亂想，鑽牛角尖。但此月中財運順利，做軍警職或極端付出勞力的人，打拚有成果，會升官，在考試運上不一定有利。

◎在廉殺運裡，同宮或對宮有擎羊、陀羅時，為『廉殺羊』、『廉殺陀』的格局，會有車禍喪生、傷殘之災禍。有廉貞化忌同宮時最驗，必死無疑。

人在走廉殺運程時，臉色青白、堅毅、果決、有衝動的氣質。

**廉破：**在流年、流月的宮位裡有廉破時，其人該年、該月為人衝動，但話少，陰沈，內心較苦，開口時便很衝動，說話狂妄，性格煩躁。凡事不順，金錢運也不順，且多破耗，常有『屋漏偏逢連夜雨』的狀況發生，情況很糟。有火鈴、羊陀在廉破的宮位中或相照的宮位裡出現時，會因事業敗壞而自殺身亡。並且牽連很多人。

◎廉破運中有廉貞化祿的人，對錢財沒有太大的幫助，但有助於人際關係。有廉貞化忌時，會因事業破敗惹官非。再加羊陀火鈴的人，身體會有血液疾病，健康運不佳會開刀。

◎走廉破運的人，臉色黯青帶黃，一臉破敗相，有時會因破敗而耍無賴。

**廉貪：**在流年、流月的宮位裡有廉貪時，運氣很差，人緣不好，令人討厭，財運惡劣，官運、考運都在谷底，無法突破。說話口直心快，衝動直接不討人喜歡，意見多，廢話多，一事無成，要小心度過才行。

◎在廉貪運裡，有廉貞化祿和貪狼化祿的人，人緣稍好一點，但要小心桃花、邪淫的問題。有貪狼化權的人，因貪狼陷落的關係，好運雖不多，但仍想找到機運。此人有較凶悍、強勢的外表。

◎在廉貪運裡有廉貞化忌的人，有官非獄事，頭腦不清，身體有問題。有貪狼化忌的人，有人緣不佳，頻惹是非，有好運時，隨即會跟隨惡運的煩惱。身體也會有傷災和造成特殊傷害的情況。人在廉貪運裡，臉色發青黑色，運蹇不佳，窮困，無法開展，沒有貴人相助，只有忍耐、靜待其度過。

**天府：**在流年、流月的宮位中有天府星時，其人在該年、該月態度穩重、溫和、做事思慮周全、公正、勤勞。財運富足，生活舒適，勞碌而自傲。對錢財愛計較、吝嗇小氣。

天府星獨坐在丑、未宮最富裕，在酉宮次之，在卯、巳、亥宮更次之。在天府運中一切都是平順、富裕、吉祥、快樂成功的。因此不但有利錢財、對升官、考試亦有大利，對人緣關係也極佳。

◎天府運中有羊陀、火鈴同宮時，其人性格會趨於奸詐不正派，在財運上稍有傷害，但在享受上都沒有妨礙。人在走天府運時，其人臉色白潤有光澤，氣質變得很好，穩重謹慎，知禮，但有傲氣。

**太陰：**當流年、流月的宮位中有太陰星時，要看其宮位為何才能定吉凶，太陰單星居酉、戌、亥宮時，為居旺位，財星居旺，財利豐厚，若遇升官之事，也是以與會計、金融業務的職務較有優先權。否則就是升官後薪水會大增的職位。在考試方面也會得利，成績在中等以上的成績，在人緣方面與女性的關係親密，有女貴人相助。

太陰單星在卯、辰、巳宮居陷位之時，財星居陷，財利不佳，萬事不順，須要忍耐。

在太陰運裡，人都會有情緒起伏，多愁善感，對感情的問題很敏感，有喜歡感情用事的情況。在人的外觀上也比較會有沈靜、害羞、不直接的表達方式。思想上也趨於愛胡思亂想多猜疑的方式。

◎在太陰運裡，有太陰化權時，在旺宮的人，對錢、女人有主導權。在陷宮時的人，為人固執、對錢、對女人想掌權又無法掌握。

◎太陰運裡，有太陰化祿時，在旺宮的人，財運好，對女人有極佳的人緣。在陷宮的人，財運有，但不多。對女人的人緣時好時壞。

◎太陰運裡，有太陰化忌時，在亥宮的人，化忌不忌，錢財依然多得，仍與女人的是非口舌多，但終會化解。太陰化忌在戌、酉宮時，對錢財有傷害，與女人感情亦不和，問題較嚴重。

太陰化忌在陷宮時，貧困、是非。害你、與你不和的是女人。

在太陰運中，居旺時，其人的面貌為清白色，溫潤、秀麗、運氣好，有陰柔、溫文之美。居陷時，其人的面貌，趨青發暗，運氣不佳，人緣亦差。

**貪狼：**在流年、流月宮位裡有貪狼單星時，在該年、該月有好運。有升官發財的機會，有暴發運。人緣關係也特佳。在貪狼運裡，其人的性格急躁，愛爭，做事速戰速決。嫉妒心重、自傲、慾望多、好大喜功。

在貪狼運裡，有羊陀同宮時，會對好運有傷害，對暴發運、偏財運造成破格，形成不發或晚發的形式。

◎在貪狼運裡有貪狼化權的人，會增加暴發好運的速度。並且能掌控好運道的發生，對學業、事業、升官、選舉有致勝的把握。

◎在貪狼運裡有貪狼化祿時，人緣及好運有增強的趨勢，在錢財的獲得上有幫助，對做股票、中獎、升官、選舉有致勝的佳績。

◎在貪狼運中有貪狼化忌時，對人緣上造成傷害，是非多，且常在有好運發生後而出現惡運災禍的狀況，對人造成傷災、死亡的情形。

人在貪狼運時，其人臉色光鮮，呈青白色光潤的亮度，運氣很好，有的額頭也會呈淡紅色之狀，有升官之兆。

**巨門：**在流年、流月的宮位裡有巨門單星時，巨門單星坐在子、午、巳、亥宮居旺時，有以口才得利的佳運。但口舌是非不免，在旺宮裡有巨門化權時，口才容易讓人信服，並以此得到權威地位。從事政治，或欲升官的人，可藉此運達到目的。有巨門化祿的人，可因口才得利，老師、業務員、用口才言語工作的人，可藉此發財。有巨門化忌的人，是非多困擾、頭腦不清楚、心境不清靜、官非獄事相隨，勞碌而無所獲。

巨門單星坐在辰、戌宮的人，為居陷位，受對宮天同的影響，多說少做，喜歡享福，喜運用口舌便佞而得利，而自己不事生產，也不努力工作，只會用嘴指使別人。

在居陷宮的巨門運裡，若再有巨門化權，更會指使別人，奴役操控別人，而自己享福，是非更嚴重。若有巨門化祿，喜用口才得利，則財不多，人緣較好一點，是非口舌不斷，很勞碌。若有巨門化忌的人，是頭腦不清，自作聰明，頻惹是非，混水摸魚的人。

人在走巨門運時，在旺宮，其人是非多而振振有辭，臉色是青白色，光亮的顏色。在陷宮，其臉色是灰暗、眼神飄忽不定，小人令色之色。人在走巨門運時，嘴都比較大，嘴愛動，不是嘮叨、愛說八卦的事，扯是非，就是愛吃零食、吃個不停。很容易辨認。

**天相：**在流年、流月的宮位裡有天相星時，其人在該年、該月一切順利，喜歡享福，享受吃穿之樂，追求新潮時髦。金錢運順利，事業、考試都平安順利度過。天相是印星，因此也能掌權、升官。在天相運裡，凡事順利。

人在走天相運時，其臉色趨白有光澤、溫潤之現象，做人溫和、慈善，有幽默感，忠厚老實、思想正派、喜歡服務別人，不喜惹麻煩。

**天梁：**在流年、流月的宮位裡有天梁星時，天梁必須在子、午、丑、未等旺宮，才會有升官、考試的佳運。並且有名聲響亮的聲譽。天梁運不論旺弱對金錢運都沒有直接的關係。天梁運居旺時，會因名聲或考試、升官而帶來平順的財運。天梁運在巳、亥宮居陷時，升官、考試、名聲運氣都不佳，因此財運也起伏不定。天梁運居旺時尚有極佳的貴人運。天梁運居陷時則無。

◎天梁運中有天梁化權居旺位時，能掌握升官、考試、貴人運。並能直接操控他們。有天梁化祿時，貴人運佳，與長輩緣份好。人緣好、財運較弱但仍比普通人多。

◎天梁運居陷位有天梁化權時，多增固執性格，貴人運的助力差。化權較無用。有天梁化祿時，財的部份少，略有，人緣較圓融。人在走天梁運，居旺宮，其人的形象穩重、溫和，臉色黃裡發白，有亮光、氣色好、運氣佳。居陷宮的人，其外貌溫和、內斂，臉色黃帶青色。

**七殺：**在流年、流月的宮位裡有七殺星時，其人在該年、該月忙碌非常、勇猛打拼、吃苦耐勞、不畏艱辛、很有奮鬥精神。

在七殺運裡，為勞苦生財之運勢。在財運上還不錯，但在其他方面較不佳。如在升官、考試上、努力很多，但結果不好。在人緣方面，因太剛硬而與人不和諧。

◎在七殺運裡，其人會趨向孤獨，做事獨自奮鬥、苦幹、蠻幹、不服輸、不肯承認失敗、態度頑固、凶悍的狀況。在七殺運中，人的身體易遇開刀之狀況，也容易有意外傷災，再遇擎羊、陀羅、火星、鈴星的人，肯定有血光之災，性命堪危。

人在走七殺運時，其人的臉色為青白色，勇猛善戰，態度陰沈、苦幹實幹的精神很辛勞。

**破軍：**在流年、流月的宮位裡有破軍星時，其人在該年、該月會有打拼事業的衝動力與創造力，會開創新事業或開拓新的商機。東征西戰，得到好的機運。

但是破軍運在金錢的獲得方面不佳，而且對於金錢造成破耗浪費。

破軍運對於考試亦不佳，考運差。

◎破軍運中有文昌、文曲同宮或相對照時，人緣佳、外表氣質會較好，但是貧困無錢，生活清高困苦。

◎破軍運中有破軍化權時，有利戰鬥力量，且能掌控突破困難的時機與主控權，會努力開拓升官、掌權的勢力範圍。

◎破軍運中有破軍化祿時，宜在金融機構為人生財而賺取薪資，無法自己生財做生意，否則會有破耗產生。

◎破軍運裡有陀羅同宮時，勞碌辛苦，周轉度日。

人在走破軍運時，其外形粗、行為豪放不羈，花錢浪費，破軍居旺時，臉色會亮，氣勢強悍、凶猛。破軍居平陷時，臉色黃帶暗色，運蹇不佳。氣度衝動，很容易花錢或受傷。

**祿存：**在流年、流月的宮位裡有祿存星時，其人在該年、該月在形態上會趨於孤獨、畏縮，喜歡賺錢、存錢，為人較小氣吝嗇。對錢斤斤計較，不捨得花。

在祿存運裡，通常都能儲蓄錢財，但都辛苦勞碌，而且在祿存運要小心身體有小病微恙的情形。

人在走祿存運時，臉色較白、溫和、穩重、畏縮、一付老實相，但不喜歡與人交往，喜歡孤獨，對賺錢是唯一的興趣。

**文昌：**在流年、流月的宮位裡有文昌星時，其人在該年、該月對文藝、知識的學問感興趣。文昌運也利於考試，升官。在文昌運中人比較聰慧，但也精明、愛計較。此運中，人的計算能力會增加，瞭解能力、分析能力都很強，氣質也會因多獲知識而優雅。

◎在文昌運中不宜和破軍同宮或相照，否則有貧困之險和水厄。

◎文昌運中有文昌化忌時，會因文字、契約、頭腦不清有官非災禍。人在走文昌運時，臉色較白，文昌在巳、酉、丑宮居旺時，有升官、考試之利。在寅、午、戌宮居陷時，臉上會有斑痕出現。聰明度較差，升官、考試的機緣亦不佳，人緣機會亦不好。有文昌居陷化忌運時，臉上有眼光呆滯、煩憂之貌。

**文曲：**在流年、流月的宮位裡有文曲星時，在巳、酉、丑、卯、辰、申、亥宮居旺宮時，有升官、發財的吉兆，財運亨通。在寅、午、戌陷宮時，財運不佳，吉兆全無。

在文曲運中，居旺時有口才、藝術、韻律等的特殊才藝。文曲運居陷時，口才不佳，才藝全無，且有是非、邪桃花糾纏。

◎文曲運中有文曲化忌時，會因口舌而遭是非災禍，財運不順，官運也不順。

人在走文曲運時，文曲居旺時，其人的臉上有白裡透紅光的喜氣，人緣好、官運、考試、財運皆吉。文曲居陷時，其人的臉上會突然出現斑痕、黑點、人緣差，一切的運氣差。

**左輔：**在流年、流月的宮位裡有左輔星時，如遇其他的吉星、財星居旺時，有錢財多進、貴人相助、升官之喜。但惟不利考試和婚姻，會有重考和離婚之兆。臉色偏黃。

◎左輔運若遇凶星如七殺、破軍、羊、陀、火、鈴、劫空時，萬事不如意，因左輔會助紂為虐。破財、敗事、血光災禍會出現。臉色黃黯。

**右弼：**在流年、流月的宮位裡有右弼星時，如遇其他的吉星同宮或相照的人，有學者揚名，貴人、升官等吉兆，臉色黃中偏白、發亮。如遇凶星，如殺、破、羊、陀、火鈴、劫空等星則為不吉，會有破財、災禍。臉色黃黯。

◎右弼運對考試與婚姻有嚴重不吉，會重考和有離婚之兆，要小心！

**天魁：**在流年、流月的宮位裡有天魁星時，其人在該年、該月利於升官、考試、貴人運，但對財運沒有特別的有利。臉色白。

**天鉞：**在流年、流月的宮位裡有天鉞星時，其人在該年、該月利於升官、考試、異性緣、談戀愛、貴人運。但對錢財沒有特別有利的幫助。臉色白而透紅。

**擎羊：**在流年、流月的宮位裡有擎羊星時，其人在該年、該月要小心血光之災、車禍或手足、身體的傷災。

在擎羊運裡，無論是和吉星同宮，亦或是單星駐守，都有不吉及傷剋發生。對升官、財運、考試、人緣皆有不利的傷害。在擎羊的運程裡，臉色發青或較黯色，辛苦勞碌、生病、開刀、頭痛、有病災、傷災、血光的問題嚴重。

在擎羊運裡，其人也會變得神經質、衝動、不講理、陰險、霸道，不肯與人善了，而喜報復生事。若在三合宮位中再遇巨門、火星俱全者，會憤而用自殺來報復人。

**陀羅：**在流年、流月的宮位裡有陀羅星時，臉色為青白色。其人在該年、該月凡事都有不順利，會拖延的狀況，也有牙齒、手足、顏面的傷災。金錢進財不順利、拖拖拉拉、亦與人有爭端。工作上、考試上、人緣上亦多有不順。須要多忍耐及小心。有紫微、天府等吉星同宮時，不順的情況較小一點。單星及與煞星同宮時，不順的狀況較嚴重。

**火星：**在流年、流月的宮位裡有火星時，其人在該年、該月會有火氣大、性格暴躁、言語衝動。如果是火星居旺獨坐在寅、午、戌宮時，則主是年是月會有暴發運或偏財運。火星居陷或與煞星同宮時，考場、工作不如意、口舌是非多，且有遭嫉或親友背信忘義，會破財、惹官非。全臉偏紅或帶不自然的紅顏，或有青春痘、皮膚爛爛的狀況。

◎火星若遇貪狼同宮或相照，在該年、該月有偏財運暴發。火星居旺時，偏財運最強，火星居陷時，偏財運較弱。臉色紅潤，氣勢旺。

**鈴星：**在流年、流月的宮位裡有鈴星時，其人在該年、該月會有性情粗暴、急躁、衝動而喜報復的心態。如果是鈴星單星獨坐居旺宮，在寅、午、戌宮時，會有偏財運。鈴星居陷時有是非、口舌、官非糾纏、事事不順。臉色發青。

◎鈴星若與貪狼同宮或相遇時，在該年、該月會有偏財運暴發。鈴星居旺時，暴發力很強。臉色青但明亮。鈴星居陷時，暴發力弱。

**地劫：**在流年、流月的宮位裡有地劫星時，其人在該年、該月常因外來的影響造成破耗。例如原來該進的錢財，突然進不來了。原本該升的官職，突然沒有了。考試也會遇到阻礙。孕婦在運行該年、該月時也要小心流產現象。走地劫運時，其人臉色發青。

**天空：**在流年、流月的宮位裡有天空星時，其人在該年、該月會因內在的變化而發生萬事成空，如泡影的消失狀況。

◎凡人在走天空運時，其人臉色為白裡透青。也要小心錢財的消耗、不動產的損失、職務的變化、考試上不能把握、身體上的疾病等等。做丈夫的人也應注意妻子會受傷。在天空運裡會有萬事成空的慨嘆！

**天刑：**在流年、流月的宮位裡有天刑星時，其人在該年、該月會有心情鬱結，自己跟自己過不去的狀況發生，自剋嚴重，會有出家、官非、牢獄之災、火災、破耗敗財之事。其人臉色黯黑。

**天姚：**在流年、流月的宮位裡有天姚星時，其人在該年、該月有異性緣、主風流韻事。天姚星在丑、酉、戌、亥宮為入廟，天姚星運逢其位的人，能有高級桃花、風流富貴、學識亦佳。若居陷地，性情陰毒而好色若有凶星同宮者，多為破敗家產，因色犯刑、敗財獄事隨至。

◎在流年運、流月運逢天姚運時，其人臉色泛紅光，或紅韻。很容易結婚或有淫蕩風流的關係，其人在該年、該月也愛美、愛時髦。

**紅鸞：**在流年、流月的宮位裡有紅鸞星時，紅鸞在丑、寅、卯、辰、戌、亥宮為入廟，主吉。有婚慶之喜，進財添祿之旺運，其人臉色泛紅韻。在其他的宮位主凶。但亦有異性緣。

**沐浴：**在流年、流月的宮位裡有沐浴時，主桃花，較邪淫，喜入夫妻宮，在其他宮位不吉。在運逢沐浴運時，其人臉色泛紅韻，有邪淫好色之念。

**台輔、封誥：**在流年、流月的宮位裡有台輔時，人喜莊重、衣著打扮高貴，運行台輔，主貴，吉運。

在流年、流月的宮位中有封誥時，臉上發亮、有清貴之氣，主貴，可高升官職、吉運。

**孤辰、寡宿：**在流年、流月的宮位裡有孤辰時，人會孤獨、沈默、內斂、運氣不佳。需有吉星同宮化解為吉。

在流年、流月的宮位中有寡宿時，臉色青黯，人之內心孤獨、異性緣差，尤其在流年、流月的夫妻宮出現時，夫妻感情差，有相隔兩地之現象，無法同心同德。需有吉星同宮化解方可。

**陰煞：**在流年、流月的宮位裡有陰煞時，為犯小人，遇陰事，不吉，需小心。在陰煞運中有臉色發黯、青色，精神不集中、精神耗弱之現象，容易遇鬼、犯小人、多招是非、困難。此運過後，不吉現象就會消失。

# 第八章

# 神形氣色的面相法

由人外貌之『色相』，可以瞭解人體內『氣』的活動力，及運氣好壞，這就是神形氣色的面相法。

# 第八章　神形氣色的面相法

神形指的是內在的精神和外在的形象。

『氣色』指的是由內在精神而產生的活動力是『氣』。再由活動力表現於外在形象之上的是『色』。

神形氣色實在是一種動靜之間，讓人產生一種特殊感覺的氣質。我們再依據這種感覺來劃分何者是趨吉，何者是趨凶的一種面相法。

人的外形氣質有千百種，但在此章我所要談的是第一印象的外形氣質，也就是在你第一次見到一個人時，由其人的外形氣質如何而加以評定其內在善惡？處事公允？脾氣固執與柔軟度？運氣好壞？可交不可交等的問題，也可以幫助自己找到應對之道。

# 第一節　神形儀態的觀人法

觀人看相，在神形儀態的觀人之法中，我們大致將人分為兩種。一種是內在修養較好，外在表達的風度較佳的人。其人行為舉止較優雅、斯文，有大家的風範。就算他出現羞澀、退縮的情形，也會是得體的形態。例如英國的黛安娜王妃，生前即以羞澀的表情，擄獲其國民的敬重。

另一種人的舉止幼稚衝動、情緒稍有波動便叫叫跳跳、嚷嚷沒有儀態，常因此而顯露出其人的面目與目的。更常用誇張的言詞、粗鄙的動作去掩飾其原來的面目與目的，這是粗俗不堪的人。

**這兩種人，一種是屬於『清』，一種是屬於『濁』**。非常好分辨，而我們在一般的場合中會很容易發現，很多人是同時具有這兩種清與濁的混合神形氣質的人。但是我們還是要依其舉止形態而加以分別辨識。

曾國藩在其相人術的著作『冰鑑』中曾將人的形態分為四種：一、**弱態**。二、**狂態**。三、**疏賴態**。四、**周旋態**。

## 四種形態中能成大器者

**態度溫和委婉，處處忍讓的人是弱態。衣衫不整、口出狂言、旁若無人、形態粗鄙的人是狂態。隨處而坐、舉止答話不經過大腦，隨遇而安的人是疏懶態。善工心計、不苟言笑、能察言觀色，使自己佔盡便宜的人，是周旋態。**這些形態的表現，多半是發自內心，再表現在身體動作上的，大致上不會隨意的造作。

倘若人能夠做到擁有柔弱委婉的態度，而能不陷媚去奉承別人，柔而剛正、挺直，柔中帶剛、剛中有柔。亦或是具有狂傲之態的人，而不喧嘩叫囂、無事生非、惡狀欺人，而懂得潔身自愛的人。還有疏狂懶散的人，會以真誠待人，不攻心計，言而有信的人。以及善攻心計，能夠察言觀色，卻能維持正義，不畏強權豪富，能夠將事情折衷擺平，化大事為小事，化小事為無事的人，都是能成為棟樑的有用之材。

倘若做不到上述各點，而依然是柔而媚、狂而譁、疏懶不誠、善周旋而自肥的人，皆是敗類之材了。日後也不會有什麼大器之用。

## 交友神形面相法

另外在與人交談對應時，也有幾種鑑識的方法。

㈠與對方交談時，對方心不在焉，目光在他處遊移，可見誠之不足，明顯的表示他對你的忽略與不尊重。此人是唯利是圖、前倨後恭的小人，必須要小心。

㈡眾人正在談笑之際，情懷溫馨感人，卻獨有某人正獨自冷笑，疏狂冷漠之表情，不為常理，亦無法與人和平相處。與之相交，久而久之，自己也會變得冷漠寡情、思想偏激了。

㈢所見到的人，是深沈、內斂、言語太沈默、城府深、居心不可測、難於接近的人。這種人是沒法子和他套交情或建立友情的人，若要委曲求全的和他建立友情，也會必然受到傷害。

㈣與人交談時，對於唯唯諾諾，並不認真聽清楚你的話，便一直點頭稱是的人，是胸無定見，沒有主見，是做人也不夠真誠的人。

(五)還沒有與人交往，便道聽塗說，以訛傳訛，故意先去誹謗和誣蔑別人，達到自己先站到上風位置的人，是一個對任何事情都不會負責任，隨意批評，也不會講信義、信諾的人。

(六)與人交談時，凡事都不置可否，不願意有準確的答案，處事時猶豫不決、煩惱焦躁，如臨大敵的人，其優柔寡斷的情況之嚴重，做朋友也會成為牆頭草而不能講求義氣的。

(七)剛認識的人，感情很脆弱、動不動就落淚。有時候不是很嚴重的問題，一碰就哭，此乃婦人之仁，是不足以與之談心中的大事，而推心置腹的。否則只會敗事。

上述是七則看人交友，從面相神態鑑識人的方法。

## 第二節　氣色與運限的面相法

『痲衣相法』裡有云：『骨格管一生之榮枯，氣色定行年之休咎』，而曾國藩也說：『面部如命，氣色如運。大運固宜整齊，小運亦當康泰。』

又說：『大者主一生禍福，小者亦三月吉凶。』

因此我們知道，自古以來，中國人便是善於看人氣色的民族，而且以『氣色』做為一個評定人的標準。

就『氣』而言，氣是內在的精神。

就『色』而言，色是將內在的精神，顯現於外在的一種表達方式。因此氣與色是互動關係而存在的。通常我們稱『氣色』實際是談我們看得見的東西是『色』，而『氣色』只是統稱的名詞罷了。氣色雖然有**主色**與**客色**之分，但我們通常最關心的還是**吉色**與**凶色**的氣色。

**吉色：**就是合於五行局的膚色之正色。以及合於春夏秋冬四時膚色之正色。

◎合於五行局膚色之正色就是：金形人膚色為青白色。木形人的膚色黃白中帶青色。水形人的膚色為黃中帶暗黑色。火形人的膚色為古銅色或黝黑發紅色。土形人的膚色為土黃色。

◎四時膚色之正色就是以子、丑、寅、卯、辰、巳、午、未、申、酉、戌、亥等十二地支在人的面部位置而定的。

『春屬木，青色，在面相上卯位。夏屬火，赤色，在面相上離位。秋屬金，白色，在面相上酉位。冬屬水，黑色，在面相上子位。』

# 四時氣色面相圖

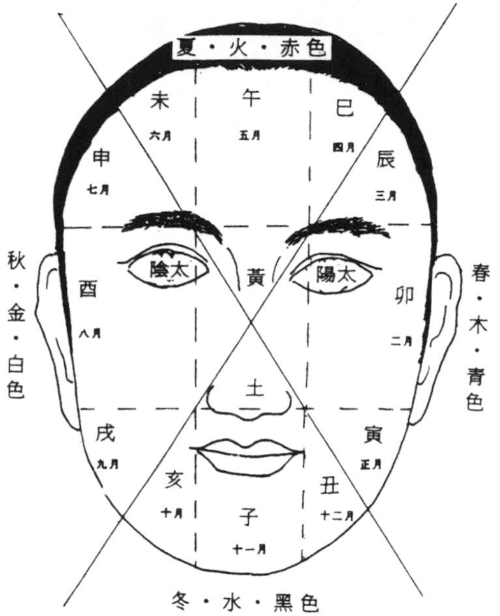
夏・火・赤色
未
六月
午
五月
巳
四月
申
七月
辰
三月
太陰
黃
太陽
秋・金・白色
酉
八月
卯
二月
春・木・青色
土
戌
九月
寅
正月
亥
十月
子
十一月
丑
十二月
冬・水・黑色

## 氣色五色吉凶

**黃色：**屬土，人的臉色，其色如敷面溫潤的為佳。黃色是正色，與紅紫二色皆主大吉、喜悅之色。以紫微坐命、天府坐命、左輔坐命、天梁坐命的人得之為佳。

**青色：**屬木，人的臉色，其色如木欣欣向榮、流暢而有緻，面色練達。青色若如竹柳青的為正色。以天機坐命、貪狼坐命的人得之為佳。

**赤色：**屬火，人的臉色如光澤燦爛而華麗，像是塗胭脂般紅的為正色。以太陽坐命、廉貞坐命、火星坐命的人得之為佳。

**白色：**屬金，人的臉色，其色溫和潤透，像玉一樣長久而不會變的為正色。以武曲坐命、七殺坐命、擎羊坐命、陀羅坐命的人得之為佳。

**黑色：**屬水，人的臉色，其色有風韻光彩，光芒閃爍的為正色。以破軍坐命、巨門坐命的人得之為佳。

## 氣色凶兆

**土凶：**土形人臉上氣色如凝滯，像沾有污泥的人，幼年時遇之稱『犯土』，有三十年壞運，三十歲以後才開運。中年時遇之，稱『土病』，亦主三十年不吉。老年時遇之稱『土死』。此稱現象剋應在甲乙寅卯年（年干是甲乙，年支是寅卯的年份）。而在戊、己、辰、戌、丑、未年（屬土的年份）會轉旺運。（八字中土多，喜用神為甲木的人，容易有此面相。）

**木凶：**木形人臉上氣色如同乾枯之木凝結在一起，智慧閃爍不定、木訥、不聰敏之人，在幼年時，遇此情況，稱之『犯木』，有二十四年不吉。中年時遇之，稱為『木病』，有十年運蹇。晚年遇之，稱為『木死』。剋應在庚、辛、申、酉年（年干是庚、辛，年支是申、酉的年份）。而在甲、乙、寅、卯年（屬木的年份）轉好。（八字中木多，而無庚、辛金，喜用神又是庚金的人，會有此面貌。）

**火凶：**火形人臉上的氣色若是光禿、焦燥、煩憂、剛烈的如同火焰般熾熱的情況。在幼年時遇之，稱為『犯火』，有二十年不吉。中年時遇之稱為『火病』，有四十年不吉。老年時遇之稱為『火死』。

此現象剋應在壬、癸、亥、子年（年干是壬癸，年支是亥、子的年份）。而在丙、丁、巳、午年（屬火的年份）會轉旺運。

（八字中火多，缺水的人，喜用神是壬水的人，會有此面相。）

**金凶：**金形人，若臉上泛青像蒙了污垢塵埃，性格剛硬，不夠溫潤，如乾燥焦烈的衣服一樣。此人若是幼年遇之，稱為『犯金』。有二十七年不吉。中年時遇之，曰『金病』，有十八年不順。老年時遇之，稱為『金死』。

此現象剋應在丙、丁、巳、午年（年干是丙、丁，年支是巳、午的年份）。而在庚、辛、申、酉（屬金的年份）年會轉旺。

（八字中金多，缺木的人、缺火的人。喜用神為甲木或丙火的人，有此面相。）

**水凶：**水形人若臉上有煙霧昏昏，四季都混濁不清的人。在幼年時遇到，稱『犯水』，有十八年不吉。在中年時遇到，稱『水病』。有十一年不吉。老年時遇到，稱『水死』。此現象剋應在戊、己、辰、戌、丑、未年（年干是戊、巳，年支是辰、戌、丑、未的年份）。而在壬、癸、亥、子（屬水的年份）年可轉旺。（八字中水多無制寒冷，缺土來制的人，喜用神為戊土或丙火的人，有此面相。）

## 五行格局氣色之喜忌

**木形人：**臉上氣色喜得黃色，為進財。主七月有財。喜得赤色、紅色，會有名利升官之事，主十一月、十二月有異動。忌有白色有傷，主孝服身亡之事。忌得黑色，有大災，四月、八月不吉。忌得青色，主憂疑愁苦，三月、九月有口舌是非。

**火形人：**臉上氣色喜得紅紫色，但殺氣重，有官非災禍。喜得黃色，功成名就，有升官運。喜得白色為進財。忌得青色主破財、憂愁是非。忌得黑色、主重病、父母喪。黑色連著口或耳，會死。

**土形人：**臉上氣色喜得黃色為正色，在一月、五月、九月會進財。喜得白色主升官，六月、十月、十二月大吉。喜得赤色，會進財，四月、八月有財。忌得青色，正月、三月有陰人作災。忌得黑色有官災，四月、十一月有破耗。

**金形人：**臉上氣色喜得黑色，主進財，正月、五月進財。喜得白色，順利。忌得黃色有官非災禍，在四月、五月、十一月主病及死。忌得青色主外家孝服，三月、九月陰人有災。忌得赤色有訟事。

**水形人：**臉上氣色喜得青黑色為正色，光澤為吉，喜得白色主喜事。喜得紅紫色為進財。喜得黃色為進財。忌得青色主憂愁、是非。忌得赤色，主官非、破財。

## 面相氣色四時吉凶：

### 春

在面相上，要看四時氣色，如（262頁圖）。

屬於春季的三個月，為東方甲乙，此處在面相上在左顴骨處。

◎左顴骨在春天出現青色，是旺運之相。亦是先有憂懼、驚煩，而後有喜事。

◎此處顯現紅黑色，是先有口舌是非之災，再有吉事產生的狀況。

◎此處顯現白色，是金剋木之狀，有牢獄之災。

◎此處顯現黃白二色，是木剋土，主死。若再變白，主孝服。在春季九十日內若鼻子出現紅色，自己會遭受棒杖刑求。家人也會有血光之災。

**在春天的時候**

◎鼻樑山根處（兩眼之間）突起變黑色，兄弟會有災禍，家中僕人、家畜走失。
◎印堂發黑的人，文章有阻礙。黑氣橫過雙耳的人，主大破財或自身亡故。
◎臉上有紅色、主有官非。右眼有青色，是女子會遭殃。左眼有青色，是男子會遭殃。
◎凡是鼻頭準頭處上至鼻樑山根、印堂，更上透天庭處有紅黃色光彩的人，主三十日內或四十日內有進財之喜。或是買進房屋田宅，或是有產子、娶妻等喜訊。

## 夏

屬於夏季的三個月屬火，為南方丙丁火，此處在面相學上的額頭之處。
◎額頭有紅色，為旺運也。雖是旺運，也是先有口舌是非而後才有喜事。
◎額頭出現黃、青二種氣色，是相生的顏色。先生出青色，先吉而後凶。而先產生黃色，則是先凶後吉。

◎額上有白色氣息，主困，有疾病。

◎額上有黑色氣出現，主死。又有人說，夏天火是正色，紅色無妨，但黑色若太黑，此乃水剋火，也是不吉。

◎額上有紫色氣色，為官非，有不可預測之禍患。

### 在夏天的時候

◎兩眼及法令紋中有晦暗之色，會有破耗消損，讓人不安之事發生。有口舌是非、生病、丟失東西。若左眼較黑，有驚恐之事發生。

◎如鼻翼兩旁黑暗發紅，有血光之疾，會開刀。

◎鼻樑、兩眼間之山根處有黑氣的人，輕者得病，重者死亡。鼻樑黑，主患病。準頭獨有光彩的人，會趨吉祥。

◎耳珠黑的人，主破財。

◎兩顴骨及鼻頭至山根，上入天庭有紅黃光彩的人，是行事得意，意氣風發的人。此處若有青黑色，則沒有進陞的機運。要求富貴顯達，是不會有成就的。

## 秋

屬於秋季的三個月屬金，為西方庚辛。此處在面相學上在右顴骨的地方。

◎右顴骨顯現白色有旺運。是先哭後笑的運勢。

◎右顴骨顯現黑色，是先生病再轉吉的運勢。

◎右顴骨顯現青色，主囚，有病，或有獄事。顯現赤紅色會死。是火剋金之理也。

### 在秋天的時候

◎鼻子準頭處有火燄般紅的人（酒糟鼻），有官非牢獄、破財之災。

◎鼻準頭至山根，包括整個鼻樑骨有紅黃之氣的人，主有文章之喜、官貴、掌權之吉運，得意非常。

◎在秋季，左眼下有紅色，主男子有憂愁之事。右眼下有紅色，主女子有災。魚尾紋處有黑色，會有水厄之災。

◎在秋季，鼻的山根處若紅色有不清的狀態，主兄弟、朋友有災、家畜走失、患病。嘴角連腮處有黑氣，主有肺部之疾病。口邊最怕有黑色來侵犯，不論青黑，主有大災。

## 冬

屬於冬季三個月，屬水，為北方壬、子、癸。此處在面相學上在臉上地閣（下巴）之處。

◎地閣出現黑色為旺運之色。雖為旺運，但也是先凶後吉。

◎地閣出現青色，為先憂慮驚嚇後才轉吉。

◎地閣出現紅色、赤色，主困，有疾病或牢獄之災。出現白色亦同。

◎地閣出現黑黃氣的人，主家中人口運蹇，災禍連連不吉。

### 在冬天的時候

◎冬季時，人的兩顴骨產生黑黃色主官非災禍、破財。

◎冬季眼睛無光，主有疾病。山根黑黃，兄弟朋友有災。印堂有青黃色，主成績不佳。印堂有黑氣，有落水墜傷之災。

◎冬季口部有白色主貧困。眼帶有青色，主有災厄。

◎額上有黃色、主一月之內有喜慶之事。有紫色，六十日之內有吉運及升官旺運。

# 你的財要怎麼賺

這是一本教你如何看到自己財路的書。
人活在世界上就是來求財的！
財能養命，也會支配所有人的人生起伏和經歷。
心裡窮困的人，是看不到財路的。
你的財要怎麼賺？人生的路要怎麼走？
完全在於自己的人生架構和領會之中，
法雲居士利用紫微命理為你解開了這個
人類命運的方程式，
劈荊斬棘，為您顯現出你面前的財路，
你的財要怎麼賺？
盡在其中！

# 紫微星曜專論

此書為法雲居士重要著作之一，主要論述紫微斗數中的科學觀點，在大宇宙中，天文科學中的星和紫微斗數中的星曜實則只是中西名稱不一樣，全數皆為真實存在的事實。

在紫微命理中的星曜，各自代表不同的意義，在不同的宮位也有不同的意義，旺弱不同也有不同的意義。在此書中讀者可從法雲居士清晰的規劃與解釋中對每一顆紫微斗數中的星曜有清楚確切的瞭解，因此而能對命理有更深一層的認識和判斷。

此書為法雲居士教授紫微斗數之講義資料，更可為誓願學習紫微命理者之最佳教科書。

命理生活新智慧・叢書

# 紫微格局看理財

『理財』就是管理錢財。必需愈管愈多！因此，理財就是賺錢！

每個人出生到這世界上來，就是來賺錢的，也是來玩藏寶遊戲的。

每個人都有一張藏寶圖，那就是你的紫微命盤！一生的財祿福壽全在裡面了。

同時，這也是你的人生軌跡。

玩不好藏寶遊戲的人，也就是不瞭自己人生價值的人，是會出局，白來這個世界一趟的。

因此你必須全神貫注的來玩這場尋寶遊戲。

『紫微格局看理財』是法雲居士用精湛的命理方式，引領你去尋找自己的寶藏，找到自己的財路。

並且也教你一些技法去改變人生，使自己更會賺錢理財！